logrado que mi vida sea plena en el má

esas bendiciones no procedieron del e

siento bendecido por el amor, no por el que recibo, que es mucho, sino por el amor que soy (y que todos, sin excepción, somos). Entender esto es importante para comprender la esencia del supercoaching.

Tomé tres grandes decisiones que lo cambiaron todo y que me han dado mucho pero que, no lo olvidemos, pusieron en riesgo lo que había conseguido anteriormente. ¿Qué he aprendido? Que, para ser feliz, basta con vivir desde el amor y no desde el temor. Que, para tener éxito, antes debes arriesgar todo lo anterior, ya sea bueno, malo o regular: el éxito solo puede renovarse si se arriesga lo conseguido en una nueva apuesta.

Mi relación con el coaching se estableció del siguiente modo. A menudo, al final de los seminarios que impartía, se acercaban personas que solicitaban una consulta individualizada para ellas o para algún conocido. Yo siempre declinaba amablemente esas propuestas porque no me sentía preparado, ni legitimado, ni disponía de un protocolo de solvencia contrastada. Era una responsabilidad que no podía asumir. Y así pasaron los años, y yo seguía desestimando esta clase de peticiones. Había oído hablar y había leído acerca de diversas clases de terapia (psicológicas, energéticas, manuales, cuánticas, chamánicas, esotéricas, new age…), pero no me inclinaba por nada en concreto. Hasta que un día tropecé con un libro, escrito en inglés, sobre coaching, que devoré y abrió en mí el apetito de saber más. Como en nuestro país no había demasiada literatura sobre el tema, compré por internet una docena de libros que abordaban el coaching. El mundo se abrió ante mis ojos: por fin había dado con algo pragmático y que encajaba con mi mentalidad de licenciado en Económicas.

Luego decidí asistir a un cursillo muy elemental que me costó solo cincuenta euros (una de mis inversiones más rentables, ya que los convertí en decenas de miles). Durante el cursillo, todos teníamos un objetivo autoasignado. Como acababa de dejar el banco y necesitaba más ingresos, me fijé el objetivo de: «Duplicar mis ingresos mensuales como agente financiero independiente (mi oficio en aquella época) antes de un año». Al resto de mis compañeros les hizo mucha gracia este objetivo. No sé lo que dirían hoy si supieran que, gracias al coaching y a aquel cursillo, dupliqué mis ingresos en solo ocho meses, y después volví a duplicarlos cada seis meses... ¡durante años!

El coaching funcionaba, al menos a mí me funcionaba. Era hora de probar con otras personas. El siguiente paso fue reclutar a cinco personas para que me dejaran practicar con ellas mi coaching a cambio de no cobrarles nada. Quedábamos en céntricas cafeterías y yo aplicaba todo lo que había aprendido en apenas veinte libros leídos sobre el tema y un cursillo elemental de unas veinte horas. También funcionó, mis coachees consiguieron aclarar muchas cosas, poner foco y obtener resultados rápidos. Por fin, había encontrado un método que ofrecer a los asistentes a mis seminarios.

Antes de establecerme como coach, acudí a una reconocida escuela local de coaching donde me formé con varios programas durante un año... pero, mientras tanto, yo atendía a clientes de pago en mi despacho. Cuando terminé los cursos, tuve la opción de obtener el certificado que me acreditase como tal, aunque no era imprescindible para ejercitar la profesión (tan escasamente reglada como nueva). Dado que mi gabinete de coaching ya estaba lleno, concluí que la mejor certificación era el reconocimiento que tenía como coach, así que prescindí de colgar certificados o diplomas en la pared de mi despacho y me centré en seguir aprendiendo por mi cuenta y atendiendo a cientos de personas para ayudarles a cambiar sus vidas.

Este es un libro sobre el éxito desde el interior, y la mejor forma de calibrarlo es la paz mental. Esta aproximación al coaching, basada en el autodescubrimiento, no de la personalidad sino de la consciencia esencial del ser, es lo que llamo supercoaching.

El libro consta de tres partes, o, mejor dicho, tres «cajas» envueltas en papel de regalo que he preparado para ti.

En cada una de esas tres cajas encontrarás, respectivamente: estrategias para cambiar de vida, estrategias para desarrollar un plan de acción, y estrategias para poner el plan de acción en práctica. Una estrategia es un plan que te ayuda a ir de donde estás a donde vas. En cada una de esas cajas encontrarás 25 capítulos, todos ellos muy breves, con una idea central resumida, con una tarea concreta a realizar, y con una buena pregunta que deberás responder. En total: encontrarás 75 estrategias. El objetivo de las 75 tareas es facilitar tu transformación por medio de una acción, y son una excusa para llegar al autoconocimiento. Y, finalmente, dispondrás de 75 buenas preguntas diseñadas para revelar tus propias soluciones, porque son las únicas que valen para ti.

La idea es que cojas una caja cada vez, la pongas en el suelo de la habitación, te sientes enfrente y la abras como un regalo que te ofrezco, y poco a poco vayas descubriendo lo que contiene. Para ello, esparce su contenido por la alfombra de la habitación. Es importante que abras las cajas en el orden establecido en el libro: caja 1, caja 2 y caja 3, porque el coaching es un protocolo secuenciado. Sin embargo, cuando desembales cada caja, tú deberás decidir el orden en el que sacarás las 25 estrategias que contiene y las aplicarás a tu vida. A unos les funcionarán mejor unas, y a otras personas, otras. Quizá no sirvan todas para todos, por ello deberás quedarte con lo que concuerde con tus valores y volver a guardar en la caja lo que consideres que no encaja. No es necesario que aceptes todo lo que he escrito para ti (ni siquiera que estés de acuerdo con ello), pero yo te lo ofrezco igualmente.

¿Cómo debes usar este libro? Puedes hacer una primera lectura de principio a fin, para hacerte una idea de su alcance. Después podrás centrarte en trabajar un capítulo por día para darte tiempo a realizar la tarea asignada y hacer bailar la pregunta en tu inconsciente durante una jornada para que te proporcione una respuesta o sincronicidad reveladora.

En las páginas que siguen voy a compartir contigo las estrategias que mejor funcionan a mis clientes y las que mejor han funcionado conmigo. Lo bueno es que no hay una nada más, sino que hay miles. Y para cada persona funcionan unas mejor que otras.

No importa el cambio que buscas para ti, ni dónde te encuentras en este momento de tu vida, ni cuál es la emoción predominante ahora, la lectura de este libro, y la comprensión de sus principios probados, mejorará tu experiencia vital de alguna manera que yo desconozco y de la que nunca me enteraré. Trabajar en tu propia vida es muy gratificante. Por mi parte, me siento muy honrado de que hayas decidido dedicarme una parte de tu tiempo.

Por favor, lee, disfruta y espera grandes cambios de este libro, pues para eso fue escrito.

Supercoaching

Muchas de las personas que se sienten atraídas por los libros de superación personal o autoayuda se definen como «buscadores»; y, en efecto, buscan aquí y allá, tantean sin profundizar, siempre con la esperanza puesta en lo externo, en los demás, cuando en realidad lo que necesitan conocer ha estado siempre en su interior, deseando revelarse. Creo que bastaría con que dieran paso al silencio, dejaran espacio para el yo esencial, para poder apartar todo el ruido mental que les aleja del verdadero autoconocimiento. Esto ocurriría si tan solo dejaran de intelectualizar, verbalizar y tratar de comprender el sentido de la vida, y sus reglas si es que las tiene, conservando su actual nivel de consciencia (aunque para pasar a un nuevo nivel de consciencia es necesario desprenderse del anterior).

Sin embargo, muchos, con la sana esperanza de encontrar las «instrucciones de la vida», asisten a un curso de fin de semana. Y de propina su empresa les endosa dos cursos de liderazgo y comunicación personal (algo caducos, dicho sea de paso) que los deja abotargados durante varios días. Empiezan a considerar si valdrá la pena asistir a un curso que un amigo les ha recomendado (lo descartan cuando se enteran de que su amigo sufre una depresión). Dejan las afirmaciones escritas de la mañana, no dan resultado. Prueban con un viaje a la India, van a recibir su mantra de nacimiento de un gurú afamado. Vuelven más confusos que nunca. Empiezan a leer el *I Ching*: no entienden nada de nada, treinta euros tirados. Compran más libros que nunca leerán. Vuelven al libro del *I Ching*, de nuevo inútilmente, y se rinden y lo regalan. Se apuntan a un máster de inteligencia emocional impartido por una fría universidad de ciencias, y, contradictoriamente, acaban peleados con algunos compañeros del máster. Lástima de dinero tirado. Mientras, se leen dos veces la obra completa de un reconocido autor, de principio a fin, por si acaso posee las llaves del reino. Sí, pero no. También les han dicho que meditar va muy bien (pero ahora no tienen tiempo, cuando los hijos crezcan tal vez puedan). En un programa de radio oyen que «la realidad es irreal, es una creación de la mente», pero eso les parece rizar el rizo y no le dan credibilidad (acaban de hipotecarse para comprar un piso, y eso les parece muy real).

Admiten que han entrado en un laberinto. Y aunque parece que hay personas que conocen la salida, en realidad nadie sabe nada. O casi nada. Todo lo que algunos hacen es escribir libros y más libros; mientras que otros leen libros y más libros. Francamente, es un escenario surrealista. Y sospechoso: si hay tanta gente escribiendo y pasando consulta porque saben cómo arreglar la vida de los demás, ¿cómo es que sus propias vidas son un desastre? Buscan y rebuscan, pero parece que siempre están dando vueltas en el mismo lugar y, francamente, acaban sintiéndose algo desesperanzados. Lo han probado prácticamente todo. Y, dicho sea de paso, han gastado una buena suma de dinero, pero su vida aún está lejos de ser ideal. Han estado buscando desde fuera hacia dentro, pero este detalle aún no es evidente para ellos, y siguen pensando que la próxima técnica, terapia, amuleto, libro, viaje iniciático, DVD, ritual, curso… será lo definitivo. Y entonces su vida será perfecta y serán felices el resto de sus días… Basta, basta y basta.

No es preciso que nadie nos diga qué hacer, solo necesitamos descubrir quiénes somos. ¡Con eso basta! Podemos tardar un minuto o una vida entera, o mil vidas seguidas… cada cual decide. Pero cuando la gente sepa de verdad quién es en realidad, todo estará bien y no hará falta cambiar nada porque habrán dado con lo inmutable, lo único real; y entenderán que todo lo que puede cambiar no es real y por tanto es irrelevante. Así de sencillo.

Supercoaching trata de «quiénes somos», no de «qué hacemos»; es una mirada híbrida entre el coaching y la consciencia, para explorar el éxito desde dentro hacia fuera.

Como aprenderás en este libro, todo cuanto requiere conseguir un resultado es un cambio de percepción. ¡Nada más! Un cambio de mentalidad y todo estará bien. La percepción es una elección interior, y después es proyectada al exterior para llamarla «realidad». Este libro te enseñará a transformar tu realidad, y conseguir los cambios que buscas en tu vida, sin tener que alterar casi nada ahí fuera. Como sé que todo esto puede sonar poco realista, he escrito un libro pragmático y he incluido acciones.

Al principio, necesitaré un poco de fe por tu parte, pero después no te hará falta tener fe, pues tus propios resultados te convencerán. Ya no tendrás fe, tendrás certeza.

Y casi todo el cambio que vas a necesitar se producirá en tu interior (autoconocimiento, autorrevelación del yo esencial), que es lo que yo llamo «acción interna». Pero, de momento, para ayudarte a realizar los cambios que buscas en tu vida, respetaré tu necesidad de «hacer cosas», incluso de «trabajar», o de «cambiarte», o de «mejorar», o de «pasar a la acción», e incluso nos enfocaremos en lo que no eres: percepción, paradigmas, creencias, comportamientos, emociones, hábitos, una historia, un cuerpo… Con el tiempo descubrirás que, más allá de la acción, dispones de los recursos internos para movilizar desde tu conciencia los cambios que buscas en tu vida. Pero todo a su debido tiempo.

El coaching convencional opera en una «dimensión horizontal» donde el tiempo, el espacio y la acción son sus variables para pasar del estado actual al estado deseable. Aquí usaremos esta dimensión, pero como una herramienta para operar desde la «dimensión vertical» donde la inspiración y la conexión interior con tu superyó, o conciencia, será el *leit motiv* para lograr todo lo que buscas en tu vida.

El coaching convencional se enfoca en las situaciones, añade, elimina, cambia, y en su cenit transforma al individuo. En el supercoaching, en realidad, no hay que hacer nada. Basta con revelar, hacer consciente, despertar... y en consecuencia todo cambia fuera. Cualquier problema se resuelve, no porque se logra dar con la solución, sino porque deja de existir como problema; y por tanto, ya no necesita de ninguna solución.

El coaching convencional a menudo busca cambios en una situación o en un resultado, y para ello promueve cambios en la mentalidad y en los comportamientos. No es una mala estrategia, pero tampoco es la mejor. Muchos cambios resultan esforzados o difíciles porque se trata de hacerlos desde el exterior (mentalidad, creencia, hábitos, comportamientos) o desde lo que no somos. Sin embargo, cuando acudimos al encuentro de nuestro superyó más real y esencial, nos damos cuenta de que allí no hay ningún cambio a realizar, y que basta con expresar esa magnificencia para manifestar cualquier intención.

El coaching convencional se basa en cambios internos y externos. Y muy especialmente en «hacer» (tareas, acciones). En el supercoaching no importa demasiado lo que hagas sino «desde dónde lo haces» (intención, percepción). Incluso importa tanto lo que no haces como lo que haces, pues eres responsable de ambas cosas; o si eliges desde el ego, o yo falso, o desde el superyó, o yo real. No se trata de lo que haces o dices, sino desde dónde lo haces o lo dices. Es así de simple. No se trata de «arreglar» una situación, porque ello sería señal de que sigues creyendo que el problema se halla en el nivel de la forma. Y no es ahí donde se resuelven de verdad los problemas del mundo. En realidad es lo que nos inspira lo que se traducirá en cambios perdurables. Lo que hagamos, o cómo lo hagamos, poco importa. Esta afirmación es contraria a la lógica racional, pero quizá te habrás dado cuenta de que este es un libro no convencional. No obstante, para tranquilidad de los lectores, he decidido incluir tareas en cada capítulo porque soy consciente de que muchas personas siguen necesitándolas, pero solo son un símbolo de la acción interior necesaria para conseguir los cambios que buscan.

Como vivimos en un mundo aparentemente material, me gusta utilizar el protocolo probado del coaching convencional como un vehículo nada más. Pero el interés y el foco del supercoaching se centran en el «conductor» de ese vehículo: el autodescubrimiento y la revelación de la conciencia.

He llegado a la conclusión de que todos los problemas necesitan una solución espiritual. Por la misma razón, todos los sueños necesitan ser manifestados por el espíritu que aguarda ser descubierto en nuestro interior.

Como quería escribir un libro pragmático, y no meramente conceptual, sobre coaching, verás que he desarrollado el contenido de modo que puedas llegar a transformarte, actúes y te hagas buenas preguntas; es decir, para que te sientas cómodo trabajando desde un contexto horizontal. Pero también he sembrado las semillas que despertarán tu conciencia para propulsar al máximo los cambios que deseas experimentar y activar todo tu potencial en el contexto vertical.

Serán cambios interiores para alcanzar logros exteriores; o como me gusta expresar a mí: pasarás de sueños imposibles a resultados predecibles.

Imagina que todos los problemas de la humanidad se resumieran en uno solo. Con esta simplificación, todo parecería más sencillo: habría que dar con una solución, y todos los problemas, fuesen de la clase que fuesen, podrían resolverse. Esto supondría un gran alivio para las personas que deben buscar continuamente soluciones a sus diversos problemas.

E imagina que activar esa única solución no depende de nada ni de nadie, ni de las circunstancias, ni de ninguna condición externa. Poder ser autosuficiente para resolver todos los problemas sin tener que recurrir a nadie, nos permitiría tener una sensación de control.

Y, para acabar, imagina que esa solución es un estado de conciencia concreto donde no existen ni los problemas ni las soluciones.

Bien, pues deja de imaginar. Bienvenido al supercoaching, el coaching consciente, aplicado a la acción interior desde donde los sueños se hacen realidad. Prepárate para revelar tu Superhéroe Interior (¡con superpoderes, por supuesto!).

Quizá estés pensando: ciencia ficción, pura palabrería; o que he leído demasiados cómics de la factoría Marvel. O tal vez pienses: si eso pudiera ser así, ¿cómo es que no hemos dado con ello antes? Incluso te puede parecer demasiado hermoso para ser real. No importa, tan solo mantén tu mente y tu corazón abiertos.

Esto es supercoaching para crear el estilo de vida soñado, no se trata de inventar un par de trucos para confundirte con una nueva receta *new age* sacada de la nada. No puedo defraudar con propuestas irrelevantes. He entrenado para el éxito interior a demasiadas personas como para escribir un libro irrelevante sobre el coaching. Creo conocer la naturaleza humana y reconozco en cada persona un gigante dormido. En este libro quiero ir más allá del coaching convencional y ofrecerte esa única respuesta a tu único problema; y para llegar a ella, deberás actuar no en tu «consciente», ni tampoco en tu «inconsciente», sino más allá: en tu «consciencia pura».

Caja 1

Estrategias para cambiar de vida

Comprométete al cien por cien o renuncia

Quisiera clarificar tus expectativas con respecto a esta lectura para cambiar tu vida. Voy a aclarar qué puedes esperar y qué no. Y también voy a identificar tu nivel de compromiso con tu proceso de mejora.

Lo que esperas tal vez esté en esta lista:

- Nuevas perspectivas.
- Un plan de acción.
- Nuevas opciones.
- Estrategias diferentes.
- Apoyo externo.
- Un desafío motivante.
- Ideas frescas.
- Tareas para implementar.
- Sugerencias para conseguir tus objetivos.

… O quizá una mezcla de todo ello.

Bienvenido, recibirás todo eso y mucho más. Ante ti se despliega la tecnología para el éxito más efectiva que conozco. Y este libro la pone a tu disposición de una forma sencilla y autoadministrable.

Pero antes quisiera saber si estás comprometido para alcanzar el éxito personal. Espera, no formules una respuesta sin meditarla. Todo el mundo tiene un sueño, pero la cuestión no es esa, sino: ¿estás dispuesto a pagar un precio para conseguirlo? En realidad, si lo que deseas aún no está en tu vida es por alguna razón, y probablemente sea por no haber pagado el precio completo para conseguirlo.

¿Qué te hace pensar que ahora sí estás dispuesto a pagarlo? No es que desconfíe de tu compromiso (¡acabas de comprar este libro!), lo que pretendo es provocarte para reforzar tu determinación.

Ahora bien, el cambio que te planteas:

- ¿Es importante, o un capricho?
- ¿Es meditado, o improvisado?
- ¿Es un deseo, o un deber?
- ¿Te acerca a tu ideal, o te aleja?
- ¿Proviene de ti, o de otros?
- ¿Es urgente, o es importante?
- ¿Es algo que quieres crear, o eliminar?

Estas preguntas son algunos de los «clarificadores de intenciones» que te ayudarán a explicitar tu intención. Por favor, sé honesto en tus respuestas, porque no hay una respuesta buena o correcta, y tampoco necesitas agradar a nadie (estás a solas con este libro).

Estas son algunas de las preguntas que te haría si nos encontrásemos cara a cara en una sesión de coaching. No es que yo quiera saber por qué quieres lo que quieres, pero tú sí debes saberlo. Sin esa claridad, todo el proceso que sigue se desmorona.

Estoy convencido de que el ser humano puede conseguir lo que es capaz de soñar. Me gusta afirmar que no alcanzar nuestros sueños es una anomalía, porque lo normal sería hacer nuestros sueños realidad. Eso no significa que siempre lo logremos todo. Lo que quiero decir es que ahí afuera no hay limitaciones y que albergamos las semillas de la grandeza en nuestro interior.

Si todos tenemos la capacidad para manifestar lo que soñamos... ¿cómo es posible que sean tan pocas las personas que manifiesten sus deseos? Poder es una cosa, querer es otra, y comprometerse, otra aún más distinta.

Conozco dos actitudes básicas para alcanzar la maestría en crear deseos cumplidos, y son: el compromiso infinito y la disciplina infinita. Con esas dos actitudes, el éxito es inevitable, y el camino se acorta una barbaridad.

EN POCAS PALABRAS: Has oído hablar del coaching y de que funciona, y estás decidido a probar con el *self coaching*, pero... ¿hasta dónde estás dispuesto a meter la mano en la madriguera? ¿Cuál es tu nivel de compromiso del uno al diez? (Si contestas «menos de cinco»: acabas de comprar un libro que no te servirá.)

LA TAREA DE ESTA LECTURA: Sabiendo que tú y nadie más que tú se llevará «todo el dinero de la mesa» en caso de ganar la partida, pon nota a tu nivel de compromiso. Valora de cero a diez tu determinación para conseguir el cambio que persigues. (Te advierto que un cinco, o una nota menor, significaría que debes regalar este libro a alguien más comprometido.)

Y UNA PREGUNTA PARA RESPONDER: ¿Qué es lo que más necesito en este momento de mi vida?

Ama el cambio

Si hay algo seguro es que no hay nada seguro. O lo que es lo mismo: el cambio es la norma. Nos guste o no, todo está listo para cambiar en cualquier momento. Si esta idea le genera a alguien cierta inquietud, espero reconciliarle con el cambio. Si, por el contrario, ha asumido el cambio, espero que se convenza aún más de su inevitabilidad. De lo único que podemos estar seguros es del cambio.

Hay cambios que son cíclicos, y que tienen vuelta atrás porque se reinician una y otra vez en un ciclo sin fin. En los ciclos nada acaba sino que se renueva. Los finales son principios.

Pero hay otros cambios que, una vez que se han producido, ya no tienen marcha atrás. Por ejemplo, cuando una tecnología sustituye a otra, la anterior ya no regresa. Son cambios sin retorno. Es fácil ilustrarlo con una imagen: cuando arrugas una hoja de papel, puedes tratar de alisarla después, pero la hoja ha cambiado para siempre, y ese cambio ha dejado huellas.

Los cambios hacen que una cosa lleve a otra. El primer cambio lleva consigo la semilla del siguiente cambio, y así sucesivamente en un orden natural. Cada cambio crea la simiente de un nuevo cambio, y eso es la propia vida: evolución. Resistirse al cambio es resistirse a la evolución.

En los negocios, no cambiar es la muerte anunciada. Alguien dijo que la seguridad solo podrá lograrse mediante el cambio constante... ¡no cambiar es un gran riesgo! Uno de los directivos más aclamados, Jack Welch, lo resume así: «Cuando el ritmo de cambio fuera de la empresa es superior al ritmo de cambio dentro de la empresa, el final está cerca». Lo cierto es que no puedes no cambiar. El cambio es la constante: la tecnología cambia, el planeta cambia, las células del cuerpo cambian... Cada final es el principio de algo nuevo. Contempla cada final como un principio, y la angustia ante la cesación desaparecerá. Pregúntate: ¿hacia qué inicio me dirijo?

Los finales son un prólogo de lo que empieza, los inicios son un epílogo de lo que acaba.

El problema no es el cambio, que es algo natural, sino el rechazo a la incertidumbre que comporta todo comienzo. Deepak Chopra escribió: «Cuando abrazas la incertidumbre, el miedo desaparece».

Vive un idilio con la incertidumbre, enamórate de ella, invítala a salir contigo. Aquello que abrazas, sea tu amigo o tu enemigo, es transmutado por el amor del abrazo.

En general, buscamos el cambio de los demás, o de las circunstancias, antes que hacer un cambio personal. Pero no sirve de nada esperar que todo cambie siendo nosotros los mismos; de hecho, las situaciones están ahí porque las necesitamos para cambiar. Si quieres cambiar el mundo, empieza por cambiarte a ti. Con eso basta y no se precisa nada más.

Bajo todas las cosas hay un proceso inteligente, cuyo alcance no conocemos, pero podemos seguir el flujo del orden natural de las cosas; y la confianza de saber que se trata de lo natural es todo lo que necesitamos para fluir en el cambio.

Para afrontar el cambio con confianza, podemos seguir la estrategia de «las cuatro A»:

1. Anticípate al cambio.
2. Acepta el cambio.
3. Aprende a cambiar.
4. Ama el cambio.

El cambio recuerda la naturaleza transitoria de las cosas. En Oriente lo llaman «impermanencia», y aceptarlo como una ley universal ayuda a que la vida sea más fácil. Cuando aceptamos la impermanencia no se sufre en el momento en que llega el inevitable cambio. Me gusta la filosofía budista cuando dice que toda existencia, sin excepción, está sujeta al cambio; en esa definición está implícita la «transitoriedad» y la «no permanencia». Para el budismo la vida es un ciclo de nacimiento y renacimiento, y, puesto que todas las cosas son transitorias, aferrarse a ellas es un sinsentido que conduce al sufrimiento.

Aquí y ahora, entre tú y yo: ¿cuándo es inevitable el cambio? Respuesta: empezamos a cambiar, no cuando queremos cambiar sino cuando estamos verdaderamente cansados de no cambiar; es decir, cuando cambiar es más sencillo que no hacerlo. Y en ese punto de no retorno, una nueva realidad se abre camino.

La cima de la evolución personal no es soportar algo no deseado, ni siquiera aceptar el cambio, sino amarlo aun cuando todo esté bien.

EN POCAS PALABRAS: No sobreviven las especies más fuertes, sino las que se adaptan mejor a los cambios. No se trata, pues, de que tengamos fuerza, sino de que seamos flexibles. Oponerse al cambio no es sensato. Es mejor subirse al tren del cambio y conducirlo hacia un ideal, aceptando que incluso el ideal está sujeto a cambios. Las cosas llegan y luego se van. Y es lo natural, no hay nada malo en que así sea.

LA TAREA DE ESTA LECTURA: Plantéate pequeños cambios para empezar. Como esos cambios precisarán de otros cambios, empezarás un efecto bola de nieve y los cambios menores conducirán a cambios mayores. Y, estés donde estés, repite interiormente cuando experimentes algo desagradable, incluso algo placentero, la afirmación: «Esto también pasará».

Y UNA PREGUNTA PARA RESPONDER: ¿Qué es lo que ya está cambiando en mi vida y a lo que me estoy resistiendo?

Paga el precio completo

Cambiar tiene un precio, y no cambiar, también. No cambiar tiene un precio y, precisamente, sin descuento. Pero la demora, además, lleva un sobreprecio.

Hagamos lo que hagamos, tarde o temprano hemos de pasar por caja y pagar. Incluso cuando no hacemos nada sentados en el sofá de casa acabamos pagando un «coste de oportunidad».

La cuestión es: ¿qué precio estoy dispuesto a pagar por llevar una vida mejor?

Todo lo que vale la pena en la vida tiene un precio. Y para conseguir la vida que deseas has de pagar el precio entero y por anticipado. Pagar el precio completo mantiene el cien por cien de las opciones abiertas, mientras que, si pagas con descuento o demora, la vida te hace también un descuento y acabas por conseguir menos.

Cuando pagas los precios desde el principio, después la vida es más fácil. Al revés también es cierto: cuando pagas un precio bajo, a la larga todo se hace más difícil. Una vida incómoda ahora, acaba proporcionando una vida cómoda después. Y lo que es cómodo hoy, acaba siendo muy incómodo a la larga.

Siempre acabas pagando, pero cuanto más retrasas el momento de pasar por caja, más sube el precio final a pagar. Son los intereses de demora. En efecto, los bancos cobran intereses por demorar el retorno de sus préstamos, Hacienda hace lo propio con los impuestos. Y la vida hace lo mismo, aunque se lo cobra en efectivo. Cuando hablo de «precio», me refiero a pagar a través de un cambio personal.

Lo sabes bien, lo barato sale caro. Por eso no aconsejo regatear con lo que es importante. ¿Regatearías tu futuro?

No deja de sorprenderme que haya tanta gente que juega al nivel mínimo. En realidad, están regateándose a sí mismas, se escatiman la vida que quieren. Buscan excusas, y por supuesto las encuentran, o se las inventan (¡hay tantas en el catálogo de excusas!). Después dicen que lo intentaron pero que encontraron obstáculos o que la vida es injusta, que merecían más… Palabrería, los obstáculos no son más que limitaciones en la mente que se han solidificado en la realidad. El mundo responde a nuestro autoconcepto.

Hay personas a las que les gusta pagar precios (están invirtiendo en sí mismas continuamente), y cuanto más lo hacen, más consiguen. Son las mismas que parecen tener suerte en la vida. Y también hay personas tacañas consigo mismas, que no pagan los precios para mejorar sus vidas, prefieren quejarse y se estafan a sí mismas. Son las que parecen tener mala suerte en la vida.

Parece que todo el mundo desea que el mundo cambie pero a nadie le gusta cambiar. Hay más gente esperando que cambien los demás, que formando parte activa de los cambios.

Cuando quieras conseguir algo en la vida, pregúntate siempre: ¿cuál es el «precio» de lo que quiero? (Sigo sin referirme al dinero.) Como ya sabes, la mayoría de veces el coste se mide en términos de: aprendizaje, transformación, incomodidad, esfuerzo, trabajo, evolución... Y toma tu decisión pero recuerda después que no hay culpa, ni injusticia, ni mala suerte, ni víctimas, sino responsabilidad.

EN POCAS PALABRAS: Siempre que quieras algo en tu vida, averigua primero el «precio», y después págalo por completo y por anticipado (cuanto antes). Y hazlo con gusto, porque es para ti. En realidad, el pago no es un gasto, es una inversión que te dará réditos a futuro. Nunca, ni un solo día, dejes de invertir en ti.

LA TAREA DE ESTA LECTURA: Si estás dudando entre realizar un cambio en tu vida y no hacerlo, anota las opciones que se presentan ante ti, y al lado anota los beneficios y los costes de pasar a la acción (y los de no hacerlo). Con esa visión podrás tomar tu decisión responsable.

Y UNA PREGUNTA PARA RESPONDER: ¿Cuál es el «precio» exacto de lo que quiero?

¿Lo que quieres es lo que tú quieres?

Saber qué es lo que quieres en la vida no parece una tarea sencilla. Si te detienes a pensar, te das cuenta de que existen a tu alrededor condicionantes externos que quizá están impidiendo la realización de tus verdaderos deseos. Es el síndrome de «si tan solo todo fuera distinto, yo podría...».

Tal vez te sientes condicionado socialmente a realizar aquello que se espera de ti (casarte a determinada edad, tener hijos porque toca, optar por un trabajo convencional y «seguro», comprar una casa «antes de que se acaben», firmar una hipoteca «porque es lo que hace la mayoría»…). Mi consejo a la persona promedio es que no sea promedio y que deje de serlo cuanto antes. El experto en liderazgo Robin S. Sharma escribió: «Truco rápido para el éxito: mira lo que hace la mayoría de la gente y haz lo contrario. Te irá bien». Yo aplico lo que aprendo, así que como por aquel entonces tenía que cambiar mi PC, opté por pasarme a Mac (en aquella época era una rareza) cuando me enteré que solo el 7 por ciento tenía uno; y me ha ido mucho mejor que con aquellos trastos feos y tristes.

Pero ¿qué es lo que realmente quieres?

No lo que quisiste.

No lo que crees querer.

No lo que quieren los demás.

No lo que tienes que querer.

Sino: lo-que-quieres.

No esperes a descubrirlo mañana, o el año que viene, porque estás llegando tarde: deberías saberlo ayer o el año pasado. Un día dedicado a lo que no quieres es un día perdido.

Saber lo que quieres realmente, y no aquello que crees que quieres, supone un inmenso compromiso de honestidad y sinceridad. No se trata de lo que quieres a nivel racional (tu mente te puede engañar con facilidad), sino de aquello que sientes de un modo intuitivo, visceral y emocional (tu corazón sabe mucho de eso), pues así habla tu superyó o yo real. Muchas personas dicen querer algo en la vida, pero después su bajo compromiso dice otra cosa muy distinta. No son las palabras sino los comportamientos lo que debemos «escuchar».

Un cambio de conciencia es el primer cambio.

Para llegar a este punto, ten el valor de ser íntegro contigo mismo y no boicotees tus deseos con excusas o argumentos que no hay por dónde cogerlos. Si tu vocación, por ejemplo, es crear algo de valor, no deberías impedirte emprender un proyecto alucinante con la excusa de que no es seguro, o de que lo harás como amateur o por hobby, etc.

La consciencia que eres no tiene ninguna duda sobre tus deseos verdaderos. También sabe cómo crearlos.

Si no sigues tu verdadera vocación, acabarás realizando un trabajo frustrante con el que no llegarás a ser feliz y, con el tiempo, te arrepentirás de no haber seguido tus auténticas aspiraciones. Lo mismo sucede con otras muchas facetas de la vida, como casarse sin estar verdaderamente enamorado, vivir en una ciudad que no te satisface ni te ofrece opciones de desarrollo personal o profesional, y un sinfín de situaciones más.

Optar por algo que parece «seguro», en lugar de por aquello que se quiere, es un grave error. La situación de crisis económica, política y social pone de manifiesto que no hay nada «seguro», y que si vivimos la vida que otros eligen para nosotros, corremos el mismo riesgo de fracasar, pero habiendo traicionado nuestros deseos verdaderos.

No persigas lo seguro, persigue lo que amas.

Tengo una buena noticia: la seguridad no existe. Y otra noticia aún mejor: la felicidad existe. No entiendo cómo hay tanta gente que prescinde de ser feliz para perseguir la seguridad.

Cuando tienes el valor de escuchar lo que el corazón elige, y te comprometes a vivir por ello, la pasión te motiva y te impulsa a conseguir el objetivo. Acabas recibiendo una mayor gratificación que la esperada, y logras con ello ser feliz.

Elige algo en lo que quieras establecer una diferencia y entrégala.

Recuerda: tienes la opción de guiar tu vida de acuerdo con tus valores más auténticos. Y la opción de crear un impacto en el mundo, dejar una huella suave. Para mí, eso es el éxito. Si apuestas por lo que quieres realmente, serás una persona autorrealizada y satisfecha, ¿qué más puede pedirse? Y, aunque no lo consigas todo, jamás podrás reprocharte no haber vivido por tus sueños.

EN POCAS PALABRAS: Preguntar a los demás qué quieres es tan absurdo como entrar en una tienda y preguntarle al dependiente qué quiere que compres. No elegir la vida que quieres es el mayor desprecio al derecho de ser felices con el que hemos nacido.

LA TAREA DE ESTA LECTURA: Te invito a que realices un ejercicio de honestidad y te preguntes qué te gusta en realidad, con qué te sientes más satisfecho, qué te produce mayor felicidad. Si eres capaz de responder, indagando en tu interior, encontrarás aquello que anhelas, y no lo que crees que quieres porque te han condicionado para que pienses que es lo mejor para ti.

Y UNA PREGUNTA PARA RESPONDER: ¿Qué es lo que de verdad quiero?

Acéptalo: sí sabes lo que quieres

Tal vez hayas dicho en alguna ocasión: «No sé lo que quiero» o «No sé qué quiero hacer en la vida». Incluso quizá identifiques alguna contradicción entre donde estás y donde quieres estar. No te apures, todos atravesamos la zona de confusión para llegar a la de la claridad. Acerca de la cuestión de no saber cuál es el propósito de vida tengo una observación tajante (aunque no sé si te gustará).

Yo creo que sí sabes cuál es tu propósito de vida. Lo sabes. Deja de engañarte en esto.

Veamos: ¿sabes qué comida te gusta? ¿Y sabes cuál es tu música favorita... y qué personas te resultan simpáticas? Claro que sabes todo eso, y por la misma razón también sabes lo que quieres en la vida. Pero es más cómodo pensar que no lo sabes, porque ello no te obliga a elegir y actuar. Sabes que:

- El secreto es elegir o no elegir. Aunque...
- Si eliges puedes fallar, equivocarte, fracasar...

• Si eliges puedes ser rechazado, criticado, incomprendido...
• Si eliges tienes que actuar, comprometerte, esforzarte...

¿Entiendes por qué muchas personas prefieren no tomar una decisión? Es más cómodo decir que no saben lo que quieren que reconocerlo y pasar a la acción. Tomar decisiones nunca es fácil, ya que implica compromiso y renuncias, pero en caso de no hacerlo, la vida se hace más difícil a la larga. En el fondo, no decidir es decidir: postergar la clase de vida que se quiere.

Pienso que hemos creado un problema para tapar otro problema.

Me explico, el «problema» de saber lo que se quiere es que hay que pasar a la acción y salir de la zona cómoda, abandonar las excusas, esforzarse y tal vez errar unas cuantas veces antes de conseguirlo. Así que la persona promedio crea un nuevo problema al que llamaremos: «No sé lo que quiero». Su nuevo problema se llama: «no-sé-lo-que-quiero». Y asunto terminado.

Imagino que no querrás formar parte de ese grupo de personas promedio.

Para tener claro lo que se quiere, en primer lugar uno debe deshacerse del apego al resultado. Sin libertad, ninguna decisión será buena porque la degradará, no porque no sea buena en sí misma sino porque sentirse «obligado» a conseguir algo elimina el placer de desearlo.

Para tener claro lo que se quiere, en segundo lugar hay que elevar el nivel de compromiso que se va a asumir. Si no hay compromiso, no importa lo que se quiera porque nada en el mundo podrá hacer que ocurra. Primero va el compromiso y después aparece el cómo, la ayuda, las respuestas, las oportunidades...

Para tener claro lo que se quiere, en tercer lugar hay que ignorar los miedos. No digo vencer el miedo, ni luchar contra él, sino dejar de prestarle atención, ignorarlo hasta «matarlo de aburrimiento». Cuando alguien dice que no sabe lo que quiere, sus miedos están separando a esa persona de su ideal de vida.

Imagina oír ahora mi voz mientras lees estas palabras en silencio: todos recibimos un don al nacer y se llama «capacidad de amar», que está localizada en el corazón. Y todos nacemos con uno. Tu corazón te dirá cuál es tu lugar en el mundo, sigue su voz. No escuches a tu cabeza, suele engañarte con sus discursos e historias.

Todos nacemos con una misión en la vida: servir a los demás. Punto. Y en qué les servirás se revela cuando te enfocas en qué quieren los demás (y no en lo que quieres tú). Es fácil descubrirlo, pregúntales qué es lo que necesitan y desean. Observa sus problemas y sabrás en qué servir. Hay donde elegir.

Esta es mi lección sobre la felicidad (nunca antes explicada): la felicidad no depende de conseguir lo que tú quieres sino de ayudar a los demás a conseguir lo que ellos quieren y necesitan. Sorprendente, ¿verdad? Sí, pocas personas lo tienen en cuenta. Por eso pocas personas son felices.

En el fondo, la gente quiere ser feliz. Contribuye a su felicidad de alguna manera, y no te equivocarás. Todos queremos ser felices en la vida, pero la única forma de conseguirlo es contribuyendo a la felicidad de los demás. Para conseguir lo que quieres, antes tendrás que ayudar a conseguir a los demás lo que ellos quieren (fórmula infalible del éxito seguro).

De modo que lo que quieres está muy claro.

EN POCAS PALABRAS: Lo que quieres en la vida es ser feliz, y para conseguirlo deberás contribuir a la felicidad ajena, a través de la expresión de tu mayor don (tu capacidad de amar) que se expresa sirviendo a los demás en lo que ellos necesitan y quieren (y a ti te divierte) para mejorar sus vidas de alguna manera (y como hay tantas maneras, el cómo es irrelevante).

LA TAREA DE ESTA LECTURA: Busca un problema que afecte a la vida de las personas para el que tú tengas una solución, o quieras buscarla, y te divierta ofrecerla. Problema + Solución = misión de vida o propósito vital. Si lo haces, ocurrirán dos cosas grandiosas: serás muy feliz, serás muy rico.

Y UNA PREGUNTA PARA RESPONDER: ¿Si no es esto lo que quiero, entonces qué es lo que quiero?

Automotivación exprés

Siempre me ha llamado la atención que las empresas contraten a conferenciantes externos para que «motiven» a su plantilla. O que padres y madres busquen profesores y supernannys para que motiven a sus hijos. ¿Delegación por ausencia?

Según los ausentes, la motivación viene de fuera: alguien motiva a alguien. Busquemos a ese alguien. Pero ¿adivina qué? El impulso dura menos que un caramelo en manos de un niño. Lo sé porque yo mismo he perdido el tiempo «motivando» plantillas que a los pocos días recaen en la desmotivación. Y porque cuando trabajaba en la banca recibí innumerables cursos que no dejaron ninguna huella en mí. Por propia experiencia, a uno y otro lado de la tarima, sé que la única motivación que funciona de verdad es la interna: la automotivación. ¿Por qué? Porque tú siempre estás ahí contigo.

Creo que una persona puede inspirarte, un libro puede iluminarte y un curso puede instruirte, pero la motivación debe provenir de ti mismo. Se lo repetía a mis clientes de coaching: «Has de venir motivado, yo solo trabajo con gente automotivada». El coaching no consiste en dar unas palmadas en la espalda. Podría hacerlo en un momento dado, por humanidad, pero antes el cliente deberá ganárselo a pulso.

Cuando buscamos que alguien nos anime a dar un paso es porque no estamos convencidos; y sin convicción, no importa cuánta gente nos anime a darlo. La motivación nace de la autoconfianza, y la autoconfianza, del autoconocimiento. Cuando uno confía en sí mismo, y en lo que hace, no precisa un equipo de *cheerleaders* para pasar a la acción, de hecho «no puede no hacerlo».

Para aumentar la confianza, conviene contar con dos cursos de acción o más. Cuando no hay donde escoger, hay obligación; cuando hay elección, hay motivación. Para tener más éxito, genera más opciones y busca entre ellas, seguro que das con algo bueno. Este es mi primer consejo para estar automotivado: genera alternativas, cuantas más, mejor. Y elige desde el corazón (¿desde dónde si no?).

Y, por favor, deja de prestar atención a las estadísticas y las malas noticias, que suelen ser deprimentes y tendenciosas. Sí, las alternativas y opciones dan esperanza, pero las estadísticas y las noticias te la quitan. Apagar la televisión es el mejor consejo para automotivarte que puedo darte, no sirve de nada ver noticias salvo para hundir el estado de ánimo, y con ello, tus posibilidades. La gente que logra cosas grandes, crea sus propias noticias (de hecho, crean su propio mundo).

No sigas las malas noticias; en su lugar, crea buenas noticias. Sé el protagonista de una de ellas. Haz de tu vida un «notición».

Más consejos: siempre hay factores externos que no puedes controlar (el clima, una crisis, el mercado, las personas…) y factores internos que sí puedes controlar (tu actitud, tu interpretación, tu respuesta…). Céntrate en lo que puedes controlar y olvida el resto. Aunque solo controles un 2 por ciento de fuerzas internas, afectarán al 98 por ciento restante de fuerzas externas y las contagiarán.

Una clave adicional: en la automotivación es importante tener claro el significado y el sentido de lo que se hace y de lo que se elige en la vida. Cuando se tiene claro a dónde se va, es muy fácil tomar decisiones. No hace falta motivación, pues no hacer lo que uno siente sería como ir en contra de uno mismo. Antes de actuar, conviene recordar cuál es el sentido de lo que se va a hacer. No escuches a las personas críticas, que seguramente aparecerán para boicotear las iniciativas. No tengo nada personal contra esa gente, pues están pasando un mal momento: no son felices y están enfadadas consigo mismas porque no están motivadas y no soportan que alguien lo esté.

Si estás esperando a sentirte lo suficientemente motivado como para empezar, debes saber que no funcionará porque la motivación es hija de la acción. Empieza donde estés, con lo que tienes ahora, y la motivación se unirá a ti por el camino. Actúa, y la motivación te seguirá.

En inglés es muy gráfico: muévete (*motion*) y te motivarás (*emotion*).

Cada día, reaviva tu compromiso. Estás donde estás debido a decisiones pasadas. Recuerda qué emoción te empujó y reaviva el compromiso con esa decisión. Si descubres que la emoción desapareció, o que tus valores cambiaron, quizá es hora de motivarse a volver a elegir y seguir otra dirección. Las emociones no engañan, solo nuestra mente nos engaña con sus excusas y miedos.

Y con respecto al miedo, creo que es lo que más desmotiva a la gente. Para deshacer el miedo conozco una emoción más poderosa aún: el amor. El amor deshará cualquier clase de temor, y para ello es preciso centrarse más en lo que amamos que en lo que tememos. Una persona motivada sabe muy bien lo que quiere, tanto que no «recuerda» sus temores y, así, estos desaparecen. Está tan motivada que no tiene tiempo para desmotivarse.

Nunca pienses que la desmotivación tiene efectos neutros; en realidad, aunque es invisible, crea efectos devastadores en las vidas de las personas. De entrada, crea una crisis de confianza permanente, desconfianza de todos y de todo, incluido uno mismo. En consecuencia, esas personas se desenfocan y aparecen los fallos en la ejecución, los errores. Son personas que cometen más errores que nadie y eso realimenta el bucle de autodesconfianza que les desmotiva más y más.

EN POCAS PALABRAS: Recupera tu vida, vuelve a tu centro, vive desde el amor y no necesitarás que nadie te motive. Tú mismo generarás motivación y confianza. La motivación externa no deja de ser un parche para personas inseguras, desvinculadas de sus valores, atrapadas en una realidad que no aman. Y esa falta de amor se traduce en desmotivación.

LA TAREA DE ESTA LECTURA: En el trabajo, enfócate en el significado de lo que haces. Haz cuadrar los valores personales con la actividad profesional, ocúpate más de los demás que de ti mismo, y la motivación aparecerá (la motivación son... ¡ellos!). Es imposible no estar motivado cuando sabes que sirves al mundo. No busques aplausos, busca servir.

Y UNA PREGUNTA PARA RESPONDER: ¿Cómo podría disfrutar de cada cosa que hago?

Excelente es mejor que bueno

Muchos hemos oído aquello de: «busca algo con salida», «sácate un título para encontrar trabajo», «encuentra algo seguro»... Y en la escuela, todos recordamos a compañeros que se limitaban a cubrir el expediente, o dicho de otra forma: se limitaban a aprobar (un cinco era suficiente). En mi grupo, no recuerdo demasiado interés por los contenidos, solo por las notas (y tampoco en exceso). En el trabajo ocurre lo mismo, parece que el objetivo es cobrar a fin de mes, salvar la silla, y poco más.

Me temo que todo esto está muy lejos de la mentalidad de la excelencia, donde la pasión cuenta (y mucho), y marcar una gran diferencia es lo importante. Y es tan apasionante que incluso el proceso es igual de importante que el resultado, o incluso más. Cuando no estás en la excelencia, estás en la supervivencia. Y ahora viene lo peor de apuntar bajo: y es que siempre vas muy justo, sin margen, apurado.

He aprendido que cuando te centras en lo bueno, renuncias a lo excelente. Son dos niveles diferentes. Uno se puede autoengañar diciéndose que empezará por lo aceptable; y una vez logrado, ya pasará al ideal. Pero eso no ocurre jamás. Lo aceptable crea adicción. La prueba está en que la mediocridad es una epidemia. Cuando uno se enfoca en lo regular, se mantiene ahí en el mejor de los casos (y si se descuida, pasa a lo mediocre con facilidad).

Lo bueno es enemigo de lo excelente (lector, pasa de lo bueno y apúntate a lo extraordinario). Solo tengo una palabra que decir sobre ser «bueno»: olvídalo.

Saca ventaja de comprender esto:

- Cuando estudias para sacar una nota acorde con el promedio, acabas consiguiéndola, pero nada más.
- Cuando buscas un trabajo normal, tu sueldo y satisfacción acaban siendo normales.
- Cuando buscas una pareja que esté bien, con el tiempo acabas estando mal.

Lo que quiero expresar es que, cuando apuntas bajo, los resultados no pueden estar por encima del punto de mira... ¡pero sí por debajo! Por esa razón, pedirse la Luna por norma es una buena referencia para empezar. Si no llegas a ella, tal vez te acerques a una estrella, quién sabe.

Pero ¿cómo llega lo excelente a tu vida? Con un acto de valentía: diciendo «no» a lo bueno (y por supuesto: «no, no y no» a lo regular y lo malo). Aunque pueda parecer una locura rechazar algo bueno, no puedes conseguir lo excelente si te enfocas en lo bueno. Una vez más: bueno es enemigo de excelente. Solamente cuando hagas espacio al ideal, podrás conseguirlo; antes estás atrapado en la mediocridad. ¡Justo donde no hay espacio para lo excelente!

Reconoce que lo que has probado, y no te funcionó, ya no sirve; me temo que tendrás que probar algo diferente. He aquí tres pistas para conseguirlo:

- Deshazte de lo que no ames de verdad.
- Libera tu tiempo de actividades que no te llevan a ningún lado.
- Sube el listón en lo que ofreces y en lo que pides.

Cuando hayas creado ese espacio y tiempo para lo extraordinario, conviene no tener prisa para sustituirlo por «cualquier cosa», sino por algo que realmente valga la pena. Renuncia a todo lo que sea «promedio», incluso a lo «bueno». Esto déjaselo a otras personas, ya hay muchas (y hacen cola) que se conforman con «lo correcto».

Y no te preocupes, como la vida detesta el vacío llegarán oportunidades nuevas a tu vida para que demuestres tu pasión por lo excelente. Y aquí viene la parte importante: gánate el derecho a que lo excelente entre en tu vida siendo exigente.

Después de muchos años de entrenar a personas para cambiar su vida me he dado cuenta de que el ser humano:

1. Desconoce su verdadera naturaleza.
2. Se pide mucho menos de lo que es capaz de realizar.
3. Vive muy por debajo de su potencial real.

Los resultados que obtenemos pueden mejorarse siempre que mejoremos nuestro autoconcepto, por eso el autoconocimiento es lo primero. Para cambiar tu vida: primero, tú.

EN POCAS PALABRAS: «Bueno» está bien, pero «excelente» está mejor. Si vas a crear la vida que deseas, ¿para qué jugar en pequeño? Y en lo profesional, ten en cuenta que en el nivel de excelencia hay mucha menos competencia que en el nivel promedio. ¡Es más fácil triunfar en lo excelente que en lo corriente!

LA TAREA DE ESTA LECTURA: Ponte nota, analiza los diferentes aspectos de tu vida y valóralos con estas tres categorías: insuficiente, suficiente, excelente. Rodea con una diana todo aquello que no sea excelente porque lo siguiente que vas a hacer es deshacerte de ello. Preparados, listos... ¡ya!

Y UNA PREGUNTA PARA RESPONDER: ¿A qué nivel me sentiría realmente satisfecho de mi vida?

Abandona la zona cómoda

Hemos sido programados para la mediocridad de múltiples maneras desde pequeños. Por suerte, lecturas como esta son el pasaporte a una vida lograda (si se me permite decirlo así). Lo cierto es que estamos diseñados en origen para conseguir logros extraordinarios. Este libro quiere ayudarte a programarte para el éxito personal, para lo cual deberás asumir que ya eres extraordinario, único, perfecto y completo aunque no estés manifestando tu potencial en este momento. Sí, existe una receta y este libro va a proporcionártela.

De entrada, aquello de «la vida es dura» es un rumor que nadie ha confirmado. Y que algo sea incómodo no es razón suficiente como para no hacerlo. La comodidad está sobrevalorada. Un cierto toque de incomodidad es muy recomendable para no caer en la autocomplacencia.

Normalmente, detrás de las cosas incómodas hay una oportunidad increíble y una vida más satisfactoria. La razón es sencilla, la mayoría de las personas podrían llevar una vida mucho mejor de la que tienen, pero conseguirlo tiene un precio que no han pagado. El coach financiero T. Harv Eker dijo: «La comodidad mata. Si tu objetivo en la vida es estar cómodo, te garantizo dos cosas: primera, jamás serás rico; segunda, jamás serás feliz. La felicidad no proviene de vivir una vida cómoda preguntándote qué podría haber sido. La felicidad viene como consecuencia de vivir con nuestro máximo potencial».

Centrarse en lo incómodo y lo difícil es garantía de un futuro cómodo y fácil. La creencia de que la vida debería ser fácil es una creencia floja que provoca resultados muy pobres. Creo que el mayor obstáculo para el éxito es la comodidad. El camino hacia el éxito, al principio, siempre es muy incómodo.

Cuando haces lo incómodo, sigue lo cómodo a largo plazo. Pero cuando haces lo cómodo, te aguarda una vida incómoda a largo plazo. No es ningún secreto, es una obviedad; y aun siendo un secreto a voces, la mayoría no lo tiene en cuenta porque la comodidad a corto plazo (y la gratificación inmediata) son muy adictivas y crean «mono».

La sociedad ha auspiciado comportamientos caprichosos en los individuos que lo quieren todo y ahora, se trata de la (anti)cultura de la inmediatez y el no esfuerzo. Pero lo inmediato carece del poder de la maduración (la cual exige tiempo y un proceso). Lo siento, pero un plátano verde ahora nunca será mejor que un plátano maduro la semana que viene. Pero veo a muchos comiéndose plátanos verdes, haciendo muecas, y quejándose a la frutería.

El proceso no solo garantiza el resultado sino que es lo que le da valor.

Se han realizado infinidad de estudios y todos concuerdan en sus conclusiones. Por ejemplo, en un experimento examinaron dos grupos de recién licenciados de una universidad americana: los estudiantes de un grupo dijeron que primero ganarían dinero y después ya se dedicarían a lo que les gustaba. El otro grupo eligió primero hacer lo que les gustaba de verdad y dejaron el dinero para más adelante. La sorpresa fue que este segundo grupo, con los años, reunió a los más ricos y felices. En el primer grupo no encontraron ningún millonario. Francamente, no me extraña nada; ¿qué esperaban?

En otro estudio, esta vez con niños, se analizaron dos grupos: uno prefirió una golosina ahora antes que dos golosinas al cabo de veinte minutos; el segundo grupo esperó veinte minutos para recibir sus dos golosinas. Este último grupo dio, con los años, adultos más exitosos en la vida que el primero. Eran chavales listos.

Estos dos ejemplos demuestran que posponer la gratificación inmediata por un beneficio mayor en el futuro es la característica, el común denominador, de las personas exitosas en la vida. Pagan el precio de la paciencia y la espera, saben que el éxito es un proceso.

Hacen lo difícil primero. Confían en el proceso y la ley de la siembra. Saben que la felicidad y la riqueza no toca en la tómbola.

Ser paciente y esperar no es no hacer nada, sino hacer lo que hay que hacer el tiempo que sea necesario.

Con seguridad, todo lo que quieres, y aún no disfrutas, está fuera de tu zona de confort. ¿Cómo lo sé? Es sencillo, si estuviese ahí ya te habrías tropezado con ello hace tiempo. Sé realista, saca la cabeza de tu zona cómoda y descubrirás un universo de opciones por explorar: ahí están las oportunidades. Enseña esto a tu hijo, le será más útil que declinar en latín: rosa, rosae; o templum, templi.

EN POCAS PALABRAS: Lo cómodo y lo rápido no conducen a nada que tenga valor real; y, aun así, son los criterios que guían a la mayoría de la gente en sus decisiones (incluso en las más importantes). Es la razón de que el éxito sea tan raro e infrecuente.

LA TAREA DE ESTA LECTURA: Identifica tus zonas de confort, despréndete de los contextos «seguros» y explora territorios desconocidos (tu zona de no confort), porque son tu tierra prometida de las grandes oportunidades. He estado ahí, la he hollado y te aseguro que existe.

Y UNA PREGUNTA PARA RESPONDER: ¿Esta elección que voy a tomar me lleva a algo mejor o a más de lo mismo?

De modo reactivo a proactivo

Simplificándolo mucho, el mundo se divide en dos grupos de personas: aquellas que se ven como la consecuencia de las circunstancias, y aquellas que ven sus circunstancias como una consecuencia de ellas mismas. Estar en un grupo u otro lo cambia todo, es como habitar dos dimensiones paralelas que nunca se encuentran. Dos planetas (incluso universos) diferentes con leyes diferentes y resultados diferentes.

Son dos grupos con mentalidades tan diferentes que implican vidas también muy diferentes. A veces es tanta la diferencia que las personas de ambos grupos se miran mutuamente sin entenderse. Es como si la galaxia de Andrómeda y la Vía Láctea se observaran con incredulidad.

Bajemos a la Tierra: mentalmente pregúntate a ti mismo: ¿eres reactivo (vas a remolque de lo que parece ocurrir) o eres proactivo (haces que las cosas ocurran)? Ser reactivo significa entregar el control de tu actitud a las circunstancias y al contexto. Ser proactivo, en cambio, significa tomar la responsabilidad de controlar tu actitud y comportamiento. Después de muchas experiencias se confirma que la vida resulta mejor en el segundo caso y peor en el primero.

Este libro es para las personas que toman la responsabilidad plena de su vida y están decididas a cambiar su vida.

Si te preguntas cómo es posible que, si sabemos todo esto, aún haya personas que eligen ser el efecto y no la causa, te diré que ser reactivo tiene «ventajas»:

- Pueden quejarse siempre que quieran y de lo que quieran.
- No tienen por qué hacer nada, ni salir de la zona cómoda.
- Pueden sentirse víctimas sin tener remordimientos.
- Se acomodan en el sofá de casa con el mando en una mano y el refresco en la otra.

Pero también tiene desventajas (y grandes por no decir enormes):

- Echan la culpa a otros de sus desgracias aunque eso nunca resuelve nada, solo lo empeora todo.
- Sufren una pérdida de autoestima y poder personal de proporciones gigantescas.
- No evolucionan porque se resisten a cambiar en la espera inútil de que el mundo cambie para ellos.

- Viven menos tiempo, con menos salud, y son menos prósperas.
- Ríen menos, lloran más.

Lo que no saben las personas de este último grupo, con mentalidad de víctima, es que de lo que se quejan tiene solución. ¿Cómo lo sé? Porque, si no la tuviera, ¡no se quejarían!, lo aceptarían sin más.

Los del primer grupo lo saben y no pierden el tiempo quejándose; para ellos, si algo tiene solución... entonces vale la pena buscarla. Así de sencillo.

Por suerte, cada vez hay más personas autorresponsables que eligen ser la causa de la vida que desean vivir. El grupo uno se ha puesto de moda. Se esfuerzan, no se ponen excusas. Saben que son los «reyes magos» a los que van a pedir(se) lo que desean y necesitan. Saben que la vida no premia las excusas, sino el esfuerzo.

En realidad todos somos magos: los reactivos y los proactivos. Lo que ocurre es que, mientras unos se procuran desgracias, los otros se procuran bendiciones.

Cuando los magos aceptan creerse víctimas, y pasan al modo reactivo, renuncian a crear la realidad que quieren y empiezan a crear la que no quieren (de manera inconsciente). Es como si renunciaran al poder de su magia para mejorar sus vidas, ¡y emplearan su magia para empeorarla! Es literal, no es una metáfora.

Recuerda que, como son magos, pueden hacer todo eso y mucho más. Como son magos, no pueden dejar de crear continuamente su realidad, así que imagina el resultado cuando alguien «renuncia» a ser mago. No sé tú, pero yo no puedo permitirme dejar de hacer magia para salir adelante.

En cambio, las personas proactivas reconocen su magia, se saben magos, y usan sus superpoderes para crear sus superdeseos y sueños. No son mejores magos que los reactivos, sino que usan su poder creativo de otra manera. Los cómics de superhéroes no son una ficción, son una metáfora de lo que ocurre en la realidad: hay quien usa sus poderes para aumentar la luz, y otros, para aumentar la oscuridad.

EN POCAS PALABRAS: La vida es lo que elegimos: una bendición o una desgracia. El paradigma «de adentro a fuera» ha sustituido al «de afuera a dentro»: para que la vida cambie, primero tenemos que cambiar nosotros. Esta es la mayor revolución en la humanidad desde la invención del fuego. Pasa de «modo reactivo» a «modo proactivo» y siéntate a contemplar el espectáculo.

LA TAREA DE ESTA LECTURA: Identifica dónde estás renunciando a tu libertad de elegir algo mejor, dónde «juegas un juego pequeño», dónde renuncias a tu magia como mago, y acostúmbrate a preguntarte cómo has contribuido a que ocurriese lo que ha ocurrido.

Y UNA PREGUNTA PARA RESPONDER: ¿La vida es lo que me pasa o es lo que yo hago que pase?

Confirmado: los resultados no engañan

El hecho de que no logremos aquello que más deseamos en nuestra vida es síntoma de que nos falta convicción y mentalización para alcanzarlo.

La carencia de resultados revela una carencia de mejores creencias, por esa razón no puedes conseguir nada nuevo si previamente no cambias tus ideas acerca de ese aspecto de tu vida.

Créeme, la realidad no miente. Los hechos no son casuales, son el efecto de una causa previa: tú. No hay efectos sin causas previas. Es la ley del orden: una causa comporta un efecto. Ahora bien, ¿cuáles son las causas para los efectos que buscas? Actívalos como accionas un interruptor y *voilá!*: verás la luz.

Lo que llamamos «realidad» es un fiel espejo de lo que hemos hecho y pensado con anterioridad. Cada día de nuestra vida es la síntesis de muchas decisiones tomadas y también de muchas otras que no se han tomado.

Tratar de peinar el espejo no sirve de nada, es mejor que peines tu cabello.

Admitámoslo cuanto antes: la vida no tiene favoritos, ni juzga a nadie, simplemente se limita a reflejar todo lo que hemos pensado, sentido, dicho y hecho con anterioridad. Es duro saberlo pero más duro es no saberlo y seguir preguntándose: ¿por qué a mí? ¿Por qué esto? ¿Por qué ahora?

Una de las mejores formas de averiguar cuál es el futuro que nos aguarda es consultar las agendas de los últimos tres años (o más, porque podríamos extenderlo a vidas anteriores). La realidad no miente, lo que hay en las agendas (y lo que no hay) se ha «solidificado» en la situación actual. Vale para todos los aspectos de la vida sin excepción. Por lo que concluyo: no hace falta ir a un tirador de cartas para saber cómo irán las cosas, basta examinar el pasado para conocer el futuro. Es la ley de la siembra que opera a rajatabla, se crea o no en ella, se esté de acuerdo o no con ella.

La vida es más democrática de lo que parece a simple vista. Por ejemplo, todas las personas disponen de la misma cantidad de tiempo en una jornada: 1.440 minutos. La única diferencia entre las personas con éxito y las que no lo tienen es cómo usan esa montaña de minutos. Otro ejemplo: internet. Mientras unos pierden el tiempo viendo vídeos idiotas de gatos que se caen, otros crean negocios online con los que cambian el mundo y se forran de pasada. Todo depende del uso que se le da a las cosas.

Te propongo cuatro estrategias que puedes seguir para mejorar el uso de tu tiempo:

1. Hacer más de algunas cosas.
2. Hacer menos de algunas cosas.
3. Dejar de hacer lo que no cuenta.
4. Empezar a hacer lo que sí cuenta.

Aplícate las que necesites (o un combinado de todas) y los resultados empezarán a ser diferentes de los obtenidos con anterioridad.

Está garantizado. Y si no consigues ver las diferencias entre los cuatro grupos, contrata a un buen coach.

¿Y la suerte? ¿Dónde está la suerte en la lista anterior? En ninguna parte, porque la suerte es un mito, y la mala suerte también. Lo que ocurre es que las causas y sus efectos están separadas por el tiempo, y por esa razón uno no alcanza a ver la relación entre una y otras. Debido al tiempo, los resultados que se obtienen parecen aleatorios, sin causa, como si se tratara de una cuestión de buena o mala suerte. Pero el universo es cien por cien orden con apariencia de caos. Y todo es de la única manera que puede ser.

Por ejemplo, las encuestas indican que las personas pasan entre tres y cuatro horas al día delante de un televisor. En toda una vida eso suma ¡años! Hay una relación directa entre las personas que pierden media vida delante de un televisor y las que se quejan de «no tener tiempo» para: hacer deporte, escribir un libro, disfrutar de la vida, montar un negocio, leer libros, cultivar amistades, aprender un idioma... o lo que sea.

El tiempo siempre está, sí, lo que no están son las causas que determinan la vida que queremos. He elegido el ejemplo de la televisión porque algunos la defienden como un medio para obtener «cultura e información». Pero siento decir que los programas y series que se emiten desmotivan y entristecen. Además, las noticias que se ofrecen desinforman tendenciosamente porque las cadenas están controladas por grupos de poder con intereses políticos y económicos. Es realmente lamentable.

EN POCAS PALABRAS: Si recoges limones es porque has plantado un limonero, desengáñate. Y los manzanos no dan limones. Así que si quieres manzanas en lugar de limones, deberás cambiar las semillas que siembras por otra cosa. Los resultados no mienten, la vida tampoco.

LA TAREA DE ESTA LECTURA: Cómprate una agenda digital (una app.) o una encuadernada en papel... y siémbrala con las causas exactas de los efectos concretos que quieres recoger en un futuro. Es cuestión de tiempo, pero verás brotar en tu vida los efectos que les corresponden. Y deja la suerte para los perdedores.

Y UNA PREGUNTA PARA RESPONDER: ¿De qué manera he estado alentando los resultados que obtengo?

Eres la suma de todas tus decisiones

Imaginemos por un momento que un avión parte de Moscú con destino a Madrid y que sufre una avería inadvertida en su sistema de navegación que crea una mínima desviación del rumbo de menos de un grado. En unas horas, el avión acaba aterrizando en Mallorca. ¿Cómo se desvió tanto? Un grado es muy poco, sin embargo ese pequeño desajuste durante cinco horas de vuelo crea una enorme diferencia en el resultado. Cuando hablamos de comportamientos humanos durante… ¡toda una vida!, las desviaciones son aún mayores.

El poder no está en los hábitos sino en cuánto tiempo se mantienen estos.

Siguiendo el símil, en realidad, lo que determina lo que conseguimos en la vida no son las grandes decisiones, sino las decisiones menores y los actos cotidianos. Son muy pocas las grandes decisiones que debemos tomar en la vida, pero el día a día está lleno de pequeñas decisiones. En el poder de lo pequeño, a través de la persistencia, está la grandeza.

Lo cierto es que no podemos «no elegir». Cuando aplazamos una decisión, en realidad, estamos tomando una decisión: la de demorarla. De modo que estamos tomando decisiones cada día, por activa o por pasiva. Y lo que acaba ocurriendo es que la vida es el resumen de todas las decisiones, sean menores o mayores. Y cualquier cosa que acaba entrando en nuestras vidas es el resultado de una larga cadena de decisiones.

Las decisiones mayores son aquellas que se toman conscientemente y a veces suelen requerir ayuda de terceros (consejo), pero siempre requieren que dediquemos un tiempo a la reflexión. Las decisiones menores son las que se toman inconscientemente, casi sin pensarlo, porque son «lo que hace todo el mundo» y acaban creando un efecto compuesto. Son las pequeñas elecciones las que poseen el poder de lo insignificante, acumulándose día tras día y marcando una gran diferencia.

Tomar decisiones sabias es más sencillo cuando se tienen claros cuáles son los valores prioritarios. Si se sabe a dónde se va, se puede elegir desde la coherencia con los valores esenciales. Para no equivocarse en esto conviene hacerse esta sencilla pregunta: «¿La decisión que voy a tomar concuerda con mis valores más prioritarios?».

Somos la suma de todas nuestras decisiones. El día de hoy es un resumen de todas las decisiones que tomamos. Cuando alguien se pregunta: «¿Cómo he llegado a esto?», debería repasar la larga lista de elecciones que ha tomado en los últimos años. Y quien se pregunte: «¿Cómo será mi vida en el futuro?», debería examinar las decisiones que tome de hoy en adelante. Como dice el adagio: una cosa lleva a otra.

Somos el resultado de todos nuestros resultados.

Con cada decisión, la vida toma una dirección, se bifurca, se desdobla; por eso, decidir implica miedo a equivocarse. Así, algunas decisiones quedan suspendidas para evitar el error. Pero «no decidir» es también una decisión, de modo que es literalmente imposible no tomar decisiones. De alguna manera, deliberada o no, ¡siempre estamos decidiendo! Y de todas nuestras decisiones, la peor es la indecisión.

Si decidir es un proceso tan importante, ¿cómo es que las personas no cuentan con un «sistema» que les ayude a hacerlo? (Suponiendo que se pueda sistematizar.) Para tomar buenas decisiones se deben cumplir tres supuestos: aceptar la posibilidad de errar, definir con exactitud el problema, e identificar las opciones.

En una ocasión alguien expresó esta bella idea: «Si deseas tener más éxito, debes equivocarte más». Estas sabias palabras me llevan a reflexionar acerca de lo poco que nos permitimos probar, errar y aprender. Los errores son una etapa del éxito que no conviene evitar; son demasiado importantes como para evitarlos. Cometer equivocaciones forma parte del éxito, son necesarias.

Las personas extraordinarias son, en realidad, personas ordinarias, pero que en los momentos decisivos de su vida toman decisiones extraordinarias. Son personas normales durante todo el día pero, en apenas unos momentos, se convierten en extraordinarias. Su grandeza es fruto de elecciones arriesgadas. Y arriesgarse es precisamente el modo para lograr algo grande en la vida.

¿Y si dispusiéramos de un «protocolo para la toma de decisiones» cuando tenemos que decidir algo importante? Me refiero a algo así como contar con un «coach de bolsillo» para momentos en los que hay que dar un paso decisivo. Sería algo parecido a una plantilla, una «batería de buenas preguntas» diseñadas para tomar buenas decisiones. Pues bien, eso es algo que existe.

Las buenas preguntas provocan buenas respuestas. Actúan como un generador de creatividad. Es sencillo identificarlas, porque se orientan hacia la solución y no hacia el problema, hacen pensar y activan recursos internos, y elevan el pensamiento a un nuevo nivel. Una vez formuladas, exigen una respuesta. Siempre son un desafío que el inconsciente no puede ignorar y sobre las que trabajará para responder.

Las cuatro preguntas fundamentales para tomar decisiones son:

1. ¿Elijo siendo yo mismo o tratando de agradar a otros?
2. ¿Mi elección me da energía o me la quita?
3. ¿Lo que elijo me conduce a mi ideal o me mantiene en lo de siempre?
4. ¿Mi decisión es coherente con lo que creo importante?

EN POCAS PALABRAS: Nuestras vidas son el resultado de las preguntas que nos hemos hecho en el pasado y también de las que no nos hemos hecho nunca. Cada vez que decidimos estamos respondiendo una pregunta, pero para poder responder una pregunta debemos aprender a formularla.

LA TAREA DE ESTA LECTURA: Antes de decidir, busca opciones (pregunta: ¿Qué más? ¿Qué otra opción existe?»). Ponlas todas sobre la mesa. Elabora una lista con todas las opciones (*brainstorming* de ideas) sin valorarlas ni juzgarlas. Cualquier opción, por extravagante o extraña que pueda parecer al principio, es válida. Y, al elegir, usa siempre el corazón como brújula y busca el faro del amor.

Y UNA PREGUNTA PARA RESPONDER: ¿Decido yo o lo hace alguien en mi lugar?

Deja de ser el de siempre

Este es un hecho probado: una vida no cambia a menos que cambie quien la vive.

El orden siempre es el mismo: primero cambias tu mentalidad, tus emociones, tus creencias, tu conocimiento y comportamiento y luego se despliega un nuevo orden. Alguien podría decir: «Bueno, cuando las cosas sean diferentes, ya me adaptaré». No, las cosas no pueden cambiar si te encuentran a ti encima de ellas, deberás dejar de estorbarte (deberás cambiar previamente tú).

Hay un orden: ser, hacer, tener. Es la Ley del Orden, válida en el universo conocido. Viene a decir que no puedes tener algo diferente si no eres alguien diferente y haces cosas diferentes. En pocas palabras: tu vida no puede cambiar si no cambias tú:

- ¿Quieres tener más amigos? Basta con ser más amistoso.
- ¿Quieres tener más dinero? Basta con ser más creativo.
- ¿Quieres tener más amor? Basta con ser más cariñoso.
- ¿Quieres tener más paz? Basta con ser más pacífico.
- ¿Quieres tener más salud? Basta con ser más cuidadoso.

Y así es en todo: para tener, antes hay que ser. Cualquier cambio empieza con una mentalidad y un comportamiento, o con una combinación de ambos. Esto permitirá activar las causas reales (y entonces los resultados se desencadenan por sí mismos).

Lo que quieres conseguir siempre va precedido de una mentalidad y un comportamiento específicos, por lo que debes averiguar cuáles son, e integrarlos; y tus deseos serán pan comido. Creo que los cambios tardan tanto tiempo en producirse porque hay una gran resistencia a la propia transformación. Es más fácil esperar que las cosas cambien por sí solas, pero ya sabemos que esto: o no acaba ocurriendo, o tarda demasiado tiempo en suceder.

Muchas personas están aferradas a «su manera de ser», creen que no pueden cambiar, que «son así y seguirán así», y que están sujetas a un «carácter de nacimiento», como si formase parte de su ADN. Volveremos a tratar esto más adelante.

Pero al igual que la biotecnología puede modificar el ADN, cada uno de nosotros puede modificarse a sí mismo y forjarse un nuevo carácter. La ciencia nos dice que todo es moldeable porque «ninguna cosa es una cosa» sino un amasijo de información. Si mi amado smartphone no es sólido, menos lo será mi carácter o mi forma de ser (cien por cien moldeable).

Cuando oigo el consejo: «Sé tú mismo», en mi interior saltan todas las alarmas. Tenemos un gran problema. Me parece una mala excusa para no cambiar y una invitación a seguir siendo ¡el de siempre! Menudo consejo, no es así como ha evolucionado nuestra civilización. Si somos los de siempre, conseguiremos lo de siempre (principio de coaching incontestado).

Creo que estamos de acuerdo en que existe la posibilidad de

llevar una vida excelente en lo sucesivo, pues de otro modo no leerías un libro sobre mejora personal. Y la forma es ¡cambiando, no siendo el mismo!

No digo que no debamos ser fieles a nuestros valores, o no ser coherentes… solo expreso la idea de que debemos estar abiertos a «convertirnos en alguien mejor», en acceder a una conciencia más expandida, equipados con mejores paradigmas y más autoconocimiento, dueños de hábitos superiores y suscritos a la mejora continua. Insistir en «ser uno mismo» transmite cierto apego por una determinada forma de ser y de vivir, lo cual se contradice con la evolución y el desarrollo personal. Y, además, francamente, ya resulta un poco reiterativo para todos.

EN POCAS PALABRAS: No te resistas al cambio. Al contrario, busca el cambio, la transformación y la evolución. Abrázalo. No, no lo busques, mejor ¡provócalo! Y ámalo. Nuestra estancia en el planeta va unida al concepto «evolucionar»: que significa ascender en el nivel de conciencia para entender la complejidad del mundo que hemos creado. En un mundo cambiante, «ser el de siempre» es contraproducente: acabas tirado en la cuneta, obsoleto, y además sin entender qué sucede. Mi mejor consejo es: «deja de ser el de siempre» (o: no seas tú mismo).

LA TAREA DE ESTA LECTURA: Pregúntate cuál es tu siguiente nivel, tu nueva versión, tu última reinvención. Busca referentes exitosos para modelarte y pasa a lo siguiente, deja de ser el de siempre (o conseguirás lo de siempre).

Y UNA PREGUNTA PARA RESPONDER: ¿En «quién» me he de convertir, qué clase de persona he de ser, para que ocurra lo que deseo?

No seas tú mismo, sé mejor

He leído tantos libros que ni siquiera puedo recordar sus títulos. Leo compulsivamente desde los quince años y eso suma la friolera de miles de libros. En algunos he encontrado el archiconocido consejo: «Sé tú mismo». Por un lado está bien, pero por el otro podría reforzar el ego. En fin, como idea teórica no me parece mal. Siempre es mejor ser uno mismo que ser cualquier otro, eso está claro. Pero creo que con eso no se ha llegado al fondo de la cuestión.

Después, durante años de profesión como coach, tanto en mi consulta como en mis seminarios, he escuchado la sempiterna justificación de mis clientes o de los asistentes: «Yo soy así». Y ahí se terminaba cualquier discusión o debate.

En este tiempo he reunido dos ideas para acabar con la disparatada noción de «ser uno mismo».

Primera idea. Si deseas mejorar en cualquiera de las áreas de tu vida (pareja, amistades, profesión, dinero, salud, pasión…), debes empezar a ser «otra persona», porque la persona que hoy eres no puede darte lo que anhelas y no tienes. ¿Cómo lo sé? Es obvio, si pudiera… ¡ya lo tendrías!

Uno de esos miles de libros leídos que me impactó fue el del neurocientífico Joe Dispenza cuando escribe: «Tienes que pensar cosas diferentes a las que sueles pensar si quieres crear realidades diferentes en tu vida». Genial aportación. También la extraordinaria Oprah Winfrey ha escrito: «Si quieres que tu vida sea más gratificante, tienes que cambiar tu forma de pensar». Ya sé que estás pensando: «Es imposible, no se puede funcionar así». Pero solamente por recibir esta idea ya vale la pena leer un libro completo. Haz la prueba durante 24 horas, después puedes volver a pensar lo que quieras. Un día no es demasiado.

Antes de aprenderlo, yo no podía ni verlo. La persona que yo era, y que me había llevado justo donde estaba, no podía llevarme ni un centímetro más allá. Para avanzar, antes debía dejar de ser «el mismo de siempre», y empezar a ser un poco diferente.

Descubre que no eres tus «historias». Y cuando dejes de contárselas a todo aquel que se cruza en tu camino dejarás de exagerarlas. Créeme, contar lo que te pasa es contraproducente porque estimula tu «historia» o tu problema. Y lo peor es que al tratar de convencer a los demás de que tu historia o tu problema son ciertos y están fundados, te convences más y más de que eres tu historia o tu problema y de que son reales. Pero, en realidad, solo es «una» historia, y puestos a autoengañarse con una historia, es más positivo contarse algo útil (al menos, te sentará mejor).

De modo que «ser uno mismo» no basta. Porque, para conseguir más, será preciso un cambio, una evolución, una reinvención. ¡Que nadie se apegue a su «yo» actual! Aunque esté satisfecho, y viva en la gloria... porque en realidad todo es mejorable. O todo es bueno hasta un segundo después en que deja de serlo. Es como nuestro teléfono móvil actual, hoy nos parece avanzadísimo, inmejorable, pero dentro de unos años parecerá ridículo, un juguete de niños, frente a lo que vendrá. Por eso cambiamos de móvil cada poco tiempo.

Si no le pido a mi móvil que «sea siempre él mismo», menos me lo pediré a mí.

«Dejar de ser el mismo de siempre» me parece uno de los mejores consejos que he recibido en mi vida. Y la puntilla «aburres» también me parece necesaria para no resultar reiterativo y molesto a los demás. En mi caso particular, no tengo ningún apego por mi identidad o personalidad actual. En realidad, mi personalidad es una herramienta de mi superyó o yo real, y es irrelevante porque es una mera herramienta (nada sofisticada) de mi consciencia.

Segunda idea. La pregunta recurrente que suelo hacer a mis clientes (y a menudo me hago a mí mismo) es: «¿En quién te has de convertir para conseguir lo que deseas?». No les pregunto qué han de «hacer», sino «en quién han de convertirse», porque estoy seguro de que el logro empieza con un cambio personal. También les pregunto por referentes reales de éxito para «modelar». Es decir, les invito a ser «otro», a parecerse menos a sí mismos en algunos aspectos, y, adicionalmente, parecerse más al referente de éxito.

Cuanto más se parece uno a la gente ganadora y exitosa, más iguala sus logros (una cita tuiteable cien por cien; compártela en tus redes, por favor).

EN POCAS PALABRAS: No te apegues a tu «yo construido» porque en verdad nadie sabe quién es en realidad. No te resistas al cambio, busca el cambio, anhela el cambio y la evolución... ama el cambio como agua de mayo. Y cuando te preguntes si eres «tú mismo», responde que en ti hay una suma de «yoes» y que estás a punto de añadir otras nuevas identidades a esa pluralidad. De modo que no tiene sentido hablar de un «yo» en singular.

LA TAREA DE ESTA LECTURA: Identifica los pensamientos recurrentes porque en ellos tienes una limitación. Empieza a buscar pensamientos que no has tenido nunca antes (parecerá extraño pero es posible) y empieza a concederles espacio y tiempo en tu mente, así crearán nuevos caminos neuronales que te conducirán a nuevas realidades que ahora no puedes ni imaginar.

Y UNA PREGUNTA PARA RESPONDER: ¿Quiénes son mis referentes de éxito?

Tolerancia cero con las excusas

Excusas, una manera sutil de negarse a uno mismo lo deseado. Yo las considero justificaciones para aceptar el fracaso. Seguramente las excusas están más cerca del autoengaño que del argumento, porque suenan más a justificación subjetiva que a razón objetiva. Aun así, las excusas son la principal causa del bajo rendimiento.

El ser humano es un auténtico experto en inventar excusas, su creatividad en este tema es infinita, sublime. Si fuéramos tan creativos con las soluciones como lo somos con las excusas, el mundo sería muy diferente. El catálogo es extenso y no deja de ampliarse día a día. He encontrado una web que proporciona excusas para autojustificar la mediocridad, lástima de talento (inverso) desaprovechado.

Repasa estos cuatro tipos de excusas de alto diseño para renunciar al compromiso y no pasar a la acción:

1. Excusas de culpa: se trata de encontrar alguien (eso es fácil) a quien culpar para no llevar a cabo el cambio deseado.

2. Excusas de imposibilidad: se consigue elaborando una lista mental de suposiciones no contrastadas acerca de dificultades para hacer el cambio deseado (para elaborarla basta con preguntar a otros).

3. Excusas de invalidación: remover la memoria hasta dar con alguna historia de la infancia a la que responsabilizar de supuestos límites (también se puede inventar).

4. Excusas de no responsabilidad: basta con señalar la biología, los padres, el contexto, la escuela, el gobierno… para responsabilizarlo de las frustraciones personales.

Tal vez las excusas que siguen sean las más populares en el «catálogo general de excusas». ¿Alguna te resulta familiar?: «Es difícil; es arriesgado; algún día; creará problemas en casa; no me lo merezco; no me lo puedo permitir; nadie me va a ayudar; no soy lo suficientemente inteligente; no sé cómo hacerlo; soy demasiado mayor; soy demasiado joven; qué pensarán de mí; no tengo la energía necesaria; no tengo tiempo; lo haré cuando me retire; ahora no es el momento; esperaré una oportunidad...».

Qué energía tan negativa. Por si la creatividad de uno mismo para inventar excusas fuese poco, además contamos con la creatividad ajena para diseñar aún más excusas y añadirlas a las nuestras. Sin duda, nuestra mente está «expuesta» a las mentes de otras personas; es decir, es susceptible de «contaminarse» con «el virus de la excusa ajena o excusitis aguda». Esto puede suceder en el transcurso de una simple conversación. El trato es: «Enséñame tus excusas y te mostraré las mías, tal vez intercambiemos algunas».

Por suerte, siempre es posible cambiar el patrón mental que es adicto a las excusas, no importa cuánto tiempo haya permanecido condicionado. ¿Cómo conseguirlo? Con autodisciplina. Mucha gente piensa que el éxito viene de la buena suerte o de un talento enorme. Pero muchas personas de éxito alcanzan sus mayores logros de una manera más sencilla: a través de la autodisciplina. Los buenos resultados no necesariamente llegan gracias a la suerte, la inteligencia, los genes o el talento innato, sino por la autodisciplina de vivir ¡sin excusas!

O tienes éxito o tienes excusas, pero no ambas cosas a la vez.

La autodisciplina es la clave para conseguir lo que una persona se propone en la vida. En nuestros logros importa tanto la formación o la inteligencia como la voluntad. Cuando una persona puede elevar el nivel de su autodisciplina, se convierte en imparable. Im-pa-ra-ble. La palabra disciplina puede sonar a obligación, soy consciente de ello, pues parece sugerir una acción forzada. Pero nada más lejos de la realidad: disciplina en realidad significa ser «discípulo de una idea» que se ama, porque nadie es discípulo de algo en lo que no cree. ¡Ah!, y no es necesaria la fuerza de voluntad, es simplemente un acto de amor. Para mí, la disciplina es la más alta expresión de la autoestima.

Tolerancia cero con las excusas: adiós para siempre a las excusas.

Alguien dijo que, cuando se afronta un problema, todo lo que se necesita para atravesarlo es formularse una buena pregunta y atreverse a responderla. Totalmente de acuerdo.

Estas son las cinco preguntas que ayudan a disolver las excusas:

- ¿De dónde procede esta excusa?
- ¿Es verdad o es solo una excusa?
- ¿Cómo es mi vida con esta excusa?
- ¿Cómo sería mi vida sin esta excusa?
- ¿Cuál es la verdad detrás de esta excusa?

Descubrirás que la mayoría de excusas simplemente no son verdad, y nunca lo han sido, solo eran hipótesis sin confirmar (no contrastadas). O peor, son... ¡excusas de otras personas! Puede parecer ridículo, y en realidad lo es, pero así es como ocurre: alguien dice «No se puede hacer esto» o «no conviene hacer lo otro», y quien lo oye confunde una opinión no contrastada con una verdad probada. Y así sucesivamente.

Lector o lectora, solo por leer este libro quiero invitarte al club de los sin excusas.

Give me five! O, si lo prefieres: ¡choca esos cinco!

EN POCAS PALABRAS: Las excusas son las razones de las personas sin éxito. Los malos resultados están abonados por montones de excusas. Después de reflexionar sobre cuál es el precio de vivir con excusas, las personas descubren cuánto se pierden y el elevado precio que acaban pagando por ponerse excusas. Vivir sin excusas es la más alta cima de los exitosos.

LA TAREA DE ESTA LECTURA: Identifica tu mayor excusa, esa que te es tan familiar, y sométela a un interrogatorio de tercer grado con las preguntas de arriba. Cuando la ridiculices, desaparecerá avergonzada de tu vida. No tendrás que luchar con ella, se caerá por su propio peso, se irá por su propio pie.

Y UNA PREGUNTA PARA RESPONDER: ¿Qué prefiero tener en mi vida: mucho éxito o muchas excusas?

Sabotea el autosabotaje

Nuestra cultura ha inventado la necesidad de ser «especial» para alguien o ser «especial» en algo... Y muchas personas han comprado inconscientemente la idea de ser «especiales». ¿Qué ha ocurrido?

Que quien más quien menos ha construido una imagen de sí mismo «especial en positivo» o «especial en negativo». Es decir, hay personas que se sienten «especiales» por encima de los demás (mejores) y otras que se sienten «especiales» por debajo de los demás (peores). Las personas que pertenecen a los dos grupos cometen el mismo error de ignorar quién son en realidad aunque lo hacen de formas diferentes.

En efecto, ambas posturas son exactamente idénticas, son un acto de autosabotaje: porque fomentan una fantasía que se diferencia únicamente en el signo positivo o negativo que utilizan. El término «autoestima» da pie a ríos de tinta, artículos, libros, seminarios y consultas de terapia... Qué fácil sería renunciar para siempre al hecho de autoevaluarse; y así no incurrir en «errores de cálculo» y secuelas asociadas. Dejar de considerarse especial no es una pérdida sino la liberación de una fantasía.

Sabotea el autosabotaje, haz volar por los aires las excusas que no te dejan volar a las estrellas.

Conozco los secretos de la autoestima instantánea, y lo revolucionario en el tema de la autoestima es prescindir de evaluarse. Es mucho más interesante salir ahí afuera, al mundo, y establecer una relación apasionada con el planeta; en lugar de perder el tiempo evaluándose a uno mismo si es digno o no de amor. Lo que lo cambiaría todo es dejar de establecer «una relación con uno mismo» —autoevaluarse— y establecer «una relación con el resto del mundo».

Cuando pienso en seres autorrealizados como la Madre Teresa de Calcuta, me cuesta imaginarla usando el término «autoestima». Seguramente su foco de atención estaba siempre lejos de sí misma, en los demás, y su autoconcepto no debía tener ni la más mínima importancia para ella. Cuando el Dalai Lama visitó Occidente por primera vez y le preguntaron qué diría a las personas con baja autoestima, él preguntó: «¿Pero es que no se quieren? ¿Por qué razón?». En su mente no cabía semejante idea, ya que en su cultura y en su filosofía hablar de autoestima carece de significado, viene incluida en la mentalidad de una persona realizada.

Muchas veces pensamos que el «enemigo» está ahí afuera y vemos el mundo como un entorno hostil y amenazante. Como coach, sé que los mayores obstáculos no están en el mundo sino en las creencias de las personas. No es una frase ingeniosa, es una realidad que confirmo a diario: el enemigo está en casa y se disfraza de miedo.

Del mundo del deporte surgió el concepto: «el juego interior del éxito»; que consiste en ganar al más duro adversario que tiene todo deportista y que es ni más ni menos que ¡él mismo! Pero, una vez que el deportista confía y cree en sus opciones, deja de autosabotearse con el miedo y la duda, y en consecuencia ganar al contrincante es mucho más fácil.

Retenlo en tu mente: para ganar la partida exterior, antes hay que ganar la partida interior.

Si cada persona se diera «permiso» para pedirse la clase de vida que desea y después no negociara a la baja, regateándose a sí misma el precio del éxito, entonces todo el mundo alcanzaría sus sueños. La mente humana es demasiado poderosa para no conseguir lo que se desea. Estamos diseñados para el éxito, y si este no se produce es que algo anda mal (y no precisamente ahí fuera). No te quepa la menor duda.

EN POCAS PALABRAS: Tenemos un modo infalible de identificar el autosabotaje: saber cómo nos sentimos a cada momento. Las emociones no engañan. Si te sientes mal, estás sin duda lejos de donde deseas estar y, además, estás alimentando lo que no te gusta. Si te sientes bien, estás más cerca de lo que quieres; y a cada momento que pasa, lo atraes más y más.

LA TAREA DE ESTA LECTURA: Como algunas personas están tan acostumbradas a hacerse autosabotaje inconscientemente, no se dan cuenta de lo que están haciendo con su vida. A ellas les propongo una reflexión para, primero, identificar en qué consiste su resistencia interior, y, después, desacreditarla.

Y UNA PREGUNTA PARA RESPONDER: ¿Con qué comportamientos no soy mi mejor amigo y aliado?

La gratitud: tu hábito n.º 1

Conozco dos clases de gratitud: la condicional y la incondicional.

La primera consiste en sentirse bien cuando las cosas salen como uno espera. Es sencillo. Pero como no siempre es así, la gratitud acaba siendo una emoción esquiva y poco duradera.

La segunda clase de gratitud que conozco consiste en tener una actitud y un hábito de vida, sentirse bien sin que nada especial haya ocurrido, es decir: estar agradecido por todo y por nada a la vez. Ser feliz sin causa.

¿Tenemos en cuenta las personas que han contribuido a que este día sea posible? Desde que nos levantamos hasta que nos acostamos estamos recibiendo la ayuda de innumerables personas, la mayoría desconocidas, que hacen de nuestras vidas una experiencia mejor.

Por ejemplo, ¿cuántas personas han intervenido en la elaboración del desayuno? El agricultor, el granjero, el molinero, el transportista, el tendero... el sol, la lluvia, el viento, el agua... las manos que lo prepararon y sirvieron. Por no mencionar a nuestros padres, nuestros médicos, nuestros maestros, nuestros amigos... todas las personas que han contribuido a que consiguiéramos algo significativo, o simplemente que nos han ayudado hasta el día de hoy. Si además miramos hacia atrás en el tiempo y repasamos todos los descubrimientos y avances tecnológicos que hacen nuestra vida más cómoda y segura, sin olvidar los pensadores y sabios que la han enriquecido, entonces el agradecimiento debería extenderse casi a los orígenes de la humanidad.

¿De qué sirve estar agradecido? Los psicólogos Robert A. Emmons y Michael E. McCullough estudiaron las consecuencias de la gratitud y acabaron concluyendo que tiene profundos efectos en el bienestar físico y emocional de las personas. En su estudio analizaron las muchas formas de expresar la gratitud:

- Con una nota personal de gratitud.
- Dando simplemente las gracias.
- Mediante el control mental de pensamientos negativos.

Y descubrieron que las personas que hacían de la gratitud un hábito de vida, se sentían más saludables, más optimistas, y más felices con sus vidas. Otros investigadores llegaron a la conclusión de que este hábito mejora las relaciones con las personas y propicia el altruismo. Pero uno de los efectos más importantes de la gratitud es que contribuye a generar la felicidad. ¿Cómo no ser feliz si se está agradecido?

Quizá pienses que para sentir o expresar gratitud primero debe ocurrir algo deseable, es decir que la emoción sigue al acontecimiento auspicioso. Pero no ha de ser así necesariamente. En realidad, es posible sentir gratitud sin que nada especial haya ocurrido antes, es decir, sentir gratitud por algo que aún no ha sucedido. Aunque esta posibilidad pueda ser incomprensible, tiene muchas ventajas, y la más obvia es que podemos empezar a estar agradecidos en este mismo momento, sea cual sea nuestra situación personal.

Las personas más felices sienten gratitud por todo y por nada en especial. No necesitan razones concretas para justificar su gratitud. Es decir, viven instaladas en la gratitud por el simple hecho de estar vivas, al margen de lo que les sucede en la vida. El hecho de haber recibido la vida ya les es suficiente.

Sonreír es el superhábito de la gente feliz.

La lista de razones para ejercer la gratitud es larga, e incluye cosas intangibles como: una sonrisa, un amanecer, una inspiración, la brisa suave o la calidez del sol, un instante de paz... Todo ello genera lo que se podría llamar «agradecimiento gratuito» o incondicional.

El éxito es fruto del agradecimiento incondicional. Uno de los hábitos comunes de las personas felices es empezar el día agradeciendo pequeñas cosas para generar una actitud feliz para el resto del día. Si vas a ofrecer alguna oración al mundo que sea esta: «Gracias».

Y la maestría en agradecimiento se alcanza cuando eres capaz de agradecer incluso las vicisitudes más difíciles que toca vivir, porque detrás de cada lágrima o instante de sufrimiento hay un aprendizaje, una enseñanza que nos convierte en personas más humanas, más amables y más comprensivas con el sufrimiento de los demás. Es lo que se llama «ver lo bueno de lo malo» que siempre existe, aunque cueste reconocerlo en una primera mirada.

EN POCAS PALABRAS: Para ser feliz, basta con celebrar pequeños detalles, que no por ello tienen que ser poco valiosos. Repasar mentalmente las razones por las que se está agradecido ayuda a ser más feliz. En realidad, no importa la razón del agradecimiento, no hace falta que te haya tocado la lotería ni nada parecido, lo que importa es la emoción que atraerá más eventos relacionados con ella.

LA TAREA DE ESTA LECTURA: Escribe cada día una breve nota de agradecimiento (post-it, email, sms, WhatsApp... también sirven) a cualquier persona que haya influido en tu pasado o en el presente (valen por igual los «amigos» y los «enemigos»). Nada más que dos líneas de agradecimiento, y con certeza las cosas empezarán a cambiar.

Y UNA PREGUNTA PARA RESPONDER: ¿Cuántas veces he pronunciado la palabra «gracias» hoy?

Tu alegría es un imán para lo que buscas

Las personas alegres tienen tantos problemas como las demás, pero saben cómo afrontarlos. Gracias a su actitud ligera ante las dificultades de la vida, rehúyen el mal humor y las preocupaciones, y buscan siempre el lado amable de la vida que, sin duda, existe en toda situación, por complicada que sea. Puede parecer una receta descerebrada o sin contacto con la realidad (ya me han dicho todo eso antes), pero he averiguado que las personas alegres lo son porque crean su realidad, la cual tal vez sea una ficción pero no es menos real que lo que la gente triste y negativa crea.

Mi consejo es usar la alegría a diario, indiscriminadamente y sin mesura, pues para eso sirve. ¿No tienes nada por lo que sonreír? Te aseguro que en este mismo instante puedes alegrarte por muchas cosas, y hacerlo no hará más que ayudarte a encontrar muchísimos motivos, a conseguir tus objetivos, y a crear un cambio positivo en tu vida.

Tengo algunos ejemplos, algo abstractos, que tú sabrás concretar en tu caso particular:

- Puedes alegrarte por lo que no te ha sucedido y no quieres para ti.
- Puedes alegrarte por lo que te ha sucedido y quieres para ti.
- Puedes alegrarte por todo lo bueno que aún está por llegar.
- Puedes alegrarte por lo bueno que hay en la vida de los otros.
- Puedes alegrarte por todo lo malo que no hay en la vida de otros.

Pero esto es para los novatos que necesitan razones para vivir la alegría. Los expertos en felicidad no necesitan razones. Y cuando me refiero a alegrarte por las bendiciones de los demás, por lo bueno que hay en sus vidas, no lo hago para que seas «bueno», o agradable y caer bien, sino para tu mayor bien (en esto vamos a ser prácticos y pragmáticos).

Como ya sabes, algunas personas se alegran de las desgracias ajenas, o sienten envidia de los éxitos ajenos, pero no es así como van a conseguir los suyos. Aquello que envidian se lo niegan y lo ponen fuera de su alcance. Con la envidia tratan de raptar el bien ajeno, quieren su felicidad para ellos y se la robarían si pudieran. Creen que la alegría es una emoción elusiva y escasa. Gozan cuando alguien fracasa o comete un error porque creen que así ellos no lo cometerán o no fracasarán. Mal de muchos...

Es triste que haya personas en el planeta que no soporten la felicidad ajena.

A lo que vamos, cuando diseñes los cambios de tu vida, incluye el éxito de los demás, porque solo cuando contribuimos a su mayor bien, se produce el nuestro. Está comprobado que: la mejor forma de tener éxito es contribuir al éxito de los demás. Y la mejor forma de cambiar tu vida es contribuir a que los demás cambien la suya a mejor. Por eso alégrate por los buenos resultados de las personas y piensa: ¡yo seré el próximo! ¡Estoy en la lista!

Busca las buenas noticias y felicita a sus protagonistas, es fácil (y agradable). No finjas, se nota, y mucho. Siéntelo.

Aunque te he dado argumentos para estar alegre, en realidad puedes alegrarte por nada, no hace falta una razón para disfrutar del presente (o regalo). Aun así, si quieres una razón puedes repasar tu lista de razones. Puedes buscar las razones que creas necesarias, pero en el fondo no es de ahí de donde proviene tu felicidad sino de saber que no hace falta nada.

EN POCAS PALABRAS: La alegría no es consecuencia de lograr un resultado; bien al contrario, el resultado auspicioso se produce después de expresar alegría. Sí, la alegría atrae el éxito y los buenos resultados. La alegría es una forma de estar en el mundo y un imán para todo lo bueno que te puede suceder.

LA TAREA DE ESTA LECTURA: Busca buenas noticias en tu entorno y felicita a sus protagonistas por sus éxitos, resultados o comportamientos que consideres brillantes, y exprésalo con sincera alegría. Les alegras el día, los motivas para superarse, harás que nunca te olviden. Y recuerda que el próximo en ser felicitado puedes ser tú: acabas de ingresar en la lista.

Y UNA PREGUNTA PARA RESPONDER: ¿Qué hay de malo y qué hay de bueno en que alguien consiga sus sueños?

Aceptar también es un cambio

Hay dos clases de situaciones en la vida: aquellas que puedes cambiar y aquellas que no puedes cambiar. Y la mejor definición que conozco de la palabra «inteligencia» es que consiste en saber distinguir unas situaciones de otras, y actuar o aceptarlas en consecuencia.

«Éxito» tiene dos significados: por un lado, conseguir lo que quieres y puedes cambiar; y por el otro, aceptar lo que tienes y no puedes cambiar. Me encantan ambos.

Sí, cuando no se puede cambiar algo, también se requiere acción, pero es una «acción interna» y se llama «aceptación». Por eso afirmo que aceptar también es un cambio, no de la situación, sino de uno mismo, que es aún más importante. Parece una contradicción pero no lo es: desea el cambio y acepta que todo sea tal como es. Porque si te apegas a lo uno y rechazas lo otro, creas una doble barrera entre tú y tu deseo.

La aceptación radical conduce a cambios radicales.

No me refiero a la «resignación», que conlleva el sufrimiento de quien se sacrifica cuando no puede cambiar un hecho, ni tampoco quiere cambiarse a sí mismo. La aceptación a la que me refiero está limpia de dolor, es silenciosa e indolora, y en realidad es transformadora, liberadora, alquímica… He comprobado que, cuando no tenemos ninguna posibilidad de cambiar los hechos, pasamos de rechazar lo inaceptable a «aceptar lo inaceptable» y algo cambia: nos hace más poderosos e invulnerables.

El milagro de la transformación no está en la situación límite ni en el dolor que esta genera, sino en el hecho de rendirse a ella. El mayor logro es amar como si nunca hubieses sido herido en el alma, sin proyectar la sombra del pasado ni todos los temores antiguos en la nueva situación. Cuando eres capaz de contemplar las cosas con ojos nuevos, verás una nueva realidad, y una nueva vida más lograda te aguarda.

Aceptar la realidad no es difícil, lo difícil de verdad es luchar contra lo que no se puede cambiar.

En realidad, no te animaré a luchar por nada. La lucha implica fricción, desgaste y un desconocimiento de lo que es la vida. Además, como coach, sé que con la relajación conectamos con nuestro potencial, y nuestro superyó más elevado toma el mando. La creatividad se despierta (cuando estamos tensos no generamos buenas soluciones sino respuestas desesperadas). Pero cuando apaciguamos la mente, empezamos a oír nuestra voz real que nos revela las soluciones más creativas. Una mente apaciguada es una mente intuitiva, creativa y brillante.

Cuando he trabajado, en mi gabinete de coaching, con personas que se ahogaban en sus propias lágrimas, invariablemente les repetía que no era el momento de buscar soluciones, sino de entender el problema del problema (su rechazo a la situación), era el momento de rendirse a la situación para poder después «resolverla». La parte más importante del problema era siempre la falta de aceptación de la situación que se estaba atravesando. El problema no era el problema sino el rechazo interno al mismo.

Existen dos fuerzas que anulan cualquier posibilidad de cambio: el rechazo y el apego. Pero cuando están ausentes en el corazón, se produce la manifestación espontánea de los deseos a través de la acción interna sin esfuerzo ni demora.

Yo sabía que si alguien no era capaz de manejar lo que estaba sintiendo, ¿cómo podría esperar pasar a algo diferente y mejor? ¡No podría gestionarlo! Soy de los que creen que la vida nos entrega un problema para que demostremos cuánto queremos de verdad lo que decimos que queremos.

Cuando te has enamorado, ¿no habrías dado la vuelta al mundo por esa persona? Un problema o dificultad es exactamente lo mismo: demuestra que quieres de verdad lo que dices querer, y será tuyo.

Es muy común contarse el cuento de que cuando cambien ciertas cosas seremos felices. Pero ¿quién te garantiza que llegado a ese punto no te repetirás la misma canción sobre otra cosa y así indefinidamente? Alguien, en este momento, piensa: «Seré feliz mañana, hoy no tengo tiempo»; hasta que llega el último día de su vida y entonces se arrepentirá de no haber sido feliz ayer.

Abre la ventana, estés donde estés, y grita: «¡Los problemas son una prueba, no un fastidio!».

EN POCAS PALABRAS: Cambia aquello que puedes cambiar y acepta aquello que no puedes cambiar. «Aceptar lo inaceptable» requiere mucho más valor de lo que puede parecer y transforma vidas. Quizá el cambio más grande que podemos hacer es elevar nuestro umbral de aceptación de aquello que no está en nuestra mano cambiar: el mundo y las personas. No estamos aquí para «resolver la vida» sino para vivirla.

LA TAREA DE ESTA LECTURA: Deja de luchar con el mundo, porque el mundo (que ya estaba aquí antes que tú) siempre ganará. Cuando te peleas con la vida, siempre pierdes porque en realidad la vida no es una lucha sino un juego. Juega más, pelea menos.

Y UNA PREGUNTA PARA RESPONDER: ¿Qué es lo que no estoy aceptando ahora, que de hacerlo, me liberaría del sufrimiento?

30.000 vidas dentro de tu vida

La esperanza de vida no deja de aumentar gracias a los avances de la medicina. En Occidente una persona puede esperar vivir, en la actualidad, unos 82 años, eso significan unos 30.000 días. No son pocos, aunque todos sabemos que, como en todo, no importa la cantidad sino la calidad.

Quizá lo peor que puede ocurrirnos no sea morir, sino descubrir al final de la vida que nunca hemos vivido realmente. Creo que eso sería la peor de las revelaciones en el último de nuestros días en el planeta. Morir es algo natural pero estar «muerto en vida» no lo es.

¿Adivinas por qué tienen tanto éxito las películas de zombis? El público se reconoce en la pantalla y lo celebra.

En una conferencia a la que asistí, el ponente lo expresó con un ejemplo, lo llamó tener una «vida tubo»: naces, comes, evacuas, vives mirándote el ombligo, consumes recursos del planeta, y un día mueres en la pura irrelevancia. Al final, muy pocos se han dado cuenta de tu paso por el mundo, es como si no hubiera sucedido nada. Es una visión exagerada, porque todas las personas tienen una razón para nacer. Pero es verdad que la falta de significado y propósito es alarmante y causa angustia en las personas. Parece que estamos aquí para consumir y poco más.

Me gusta considerar cada uno de mis días como una «vida en miniatura». Y que una vida larga es la suma de muchas «vidas pequeñas» (una vida contiene muchas vidas en miniatura).

Cada uno de nosotros debería responder cuanto antes a estas preguntas:

- ¿He vivido?
- ¿He soñado?
- ¿He amado?
- ¿He aprendido?
- ¿He servido?
- ¿He importado?

No esperes al último día para responderlas, mejor recuérdatelas cada día para tener una respuesta a mano.

Es lastimoso comprobar que la felicidad se considera un asunto del futuro, a largo plazo. Me refiero al tan común: «Algún día seré feliz». O el archirrepetido: «Cuando ocurra esto...»; o: «Cuando ocurra lo otro...». Si todos los planes que tenemos para el presente consisten en construir un futuro mejor, es que nos estamos olvidando de vivir el momento presente y de darle el valor que tiene.

Prefiero esta filosofía de vida: «Hoy soy feliz, mañana también».

Imagina que esta mañana al despertar naciste a la vida, y que tienes un día entero para vivir una vida en miniatura. Naces a una nueva vida de 24 horas cada día. Lo que hoy no hagas, sientas, expreses, experimentes... ya no tendrá lugar en esta vida. Tal vez, en otra, mañana, pero no en esta. Y lo que hoy hagas, y valga la pena, será tu legado a los demás para su vida de mañana. Imagina que, cuando vas a dormir, mueres en esta vida para renacer en otra vida: la vida de mañana. Y así un día y otro, hasta agotar, con suerte, esos 30.000 días o vidas en miniatura.

Cada vida en miniatura, cada día, es una oportunidad de servir, de ser feliz, de hacer algo que valga la pena. ¡Cuántas oportunidades para ser feliz!

Y así vives tu vida, pensando que este, el de hoy, podría ser tu último día.

¿Y sabes qué?, un día será verdad.

EN POCAS PALABRAS: Nadie sabe cuánto tiempo le queda de vida, aunque la mayor parte de la gente vive como si no fuese a morir nunca. La muerte es un tema tabú en Occidente. Pero eliminar la muerte de la ecuación de la vida es un error, en realidad la muerte es el mejor invento para vivir intensamente el presente, al saber que desde el mismo momento en que nacemos, estamos atravesando una sucesión de muertes pequeñas hacia la muerte grande.

LA TAREA DE ESTA LECTURA: Elige dejar un legado, un regalo al mundo, pequeño o grande. Solo así sabrás que cada día ha valido la pena vivirlo.

Y UNA PREGUNTA PARA RESPONDER: ¿Cuántos de tus días dedicas a honrar la vida y a ser feliz?

El uso perfecto de tu tiempo

¿Vas siempre con prisa a todas partes? Acéptalo: las prisas son el síntoma de lucha contra el tiempo, una carrera contra reloj hacia ninguna parte. Correr de un lado a otro, hacer muchas cosas, exprimir cada hora... no es el objetivo de la vida, es no vivir. Sí, no tener tiempo para nada, estar siempre muy ocupado, es una señal de fracaso, no de éxito. Piénsalo, la materia prima de la que está hecha la vida es el tiempo. Por eso el tiempo es más valioso que el oro... ¡El tiempo es vida!

Como sabes, cuando el tiempo se va, ya no regresa. El dinero, las cosas y las personas pueden ir y venir, marcharse y volver, perderse y recuperarse. Pero no hay nada que devuelva el tiempo que ya ha pasado. De ahí su valor infinito.

El tiempo malgastado es tiempo perdido para siempre.

En el proceso que te lleve a construir tu vida ideal deberás aprender a proteger tu tiempo de los innumerables ladrones de tiempo que te acechan. Son vampiros de tiempo que buscan alimentarse de tu tiempo para hacerlo suyo. Muchas cosas requieren tu atención pero no todas la merecen. La regla del 80 %-20 % también se puede aplicar aquí: solo el 20 por ciento de tu tiempo es usado en actividades que te conducen a tu ideal de vida, el resto (la mayoría) son distracciones de ese objetivo principal. Imagina cómo cambiaría todo si la proporción fuera a la inversa.

Entre las muchas ideas que te ayudarán a preservar tu tiempo se me ocurren estas:

- No cojas siempre el teléfono.
- No revises tu email continuamente.

- Haz dieta de medios de comunicación.
- Desenchufa tu televisor.
- Evita conversaciones insustanciales.
- Levántate una hora antes cada día.
- Haz tu trabajo en la mitad de tiempo.
- No frecuentes personas o sitios que no te inspiran.
- Aprende a decir «no» a lo que no va contigo.
- Haz una sola cosa a la vez.

Logra más cosas intentando menos cosas. Si quieres tener más éxito deberás hacer menos cosas pero que sean más relevantes (tuitéalo).

Usa el tiempo para lo que cuenta, y no para lo que no cuenta. No te estoy proponiendo que ocupes cada minuto de tu tiempo o que te obsesiones en sacar tiempo de donde no lo hay, solo te invito a que decidas en qué inviertes tu tiempo para no malgastarlo. Creo que tomarse tiempo para descansar y «no hacer nada» está igualmente bien, pero lo que no te interesa de ningún modo es perder tiempo con gente o actividades que no te inspiran.

Yo soy de los que siempre llevan un libro encima para aprovechar los tiempos muertos (los resucito de inmediato) para leer. Nunca es un mal momento para abrir un libro. Te sorprendería saber en qué lugares o situaciones me he puesto a leer aunque sea unos pocos minutos. Y como vivo fuera de la ciudad, me gusta aprovechar mis desplazamientos para escuchar cosas motivacionales y convertir mi automóvil en una universidad ambulante.

Para mí, la buena gestión del tiempo no consiste en meter más y más actividades en mis 24 horas diarias, hasta caer en la extenuación; sino en seleccionar en qué me ocupo y en evitar los ladrones de tiempo. No añado, quito. Y así, en lugar de añadir actividades, las elimino y consigo mucho más tiempo y más resultados. Mientras te concentras en el significado de cada palabra que vas leyendo, tienes claro que la gestión del tiempo es simplificar (eliminar, no añadir).

Otro recurso práctico para disponer de tiempo es dejar de administrarlo. Sí, como lo oyes. Lee esta cita de Stephen Covey y reflexiona:

«El desafío no consiste en administrar el tiempo, sino en administrar-nos a nosotros mismos». Exacto, no es el tiempo, el problema somos nosotros. El reloj no tiene la culpa de nada, el problema es nuestra falta de prioridades y de disciplina mental.

Otro de los secretos de la gestión del tiempo es saber decir más veces «no» que «sí». Sé rápido diciendo «no» y lento diciendo «sí». Muchas personas no se atreven a negarse a lo que les piden, por miedo al qué pensarán, pero al decir «sí» cuando quieren decir «no», en realidad se están diciendo «no» a ellas mismas. Se niegan, se anulan. Y acaban haciendo cosas impensables por miedo a negarse.

Acéptalo, no puedes estar en todo, ni serlo todo para todos.

EN POCAS PALABRAS: Tu tiempo es tu más preciado bien, es tu vida, y cada vez que eres descuidado en cómo lo usas, eres descuidado con tu vida. Puedes perder dinero, salud, amistades... y después tal vez recuperarlas; pero, cuando el tiempo se va, lo hace para siempre.

LA TAREA DE ESTA LECTURA: Identifica tus ladrones de tiempo y elimína-los uno a uno sin ningún tipo de piedad; para que no flaquees en el inten-to, recuerda cada día esta regla: «Primero, yo».

Y UNA PREGUNTA PARA RESPONDER: ¿Cuál es el mejor uso de mi próxima hora?

Encuentra tiempo para ti

El tiempo es la materia prima de la vida, es el material del cual la vida está hecha, y cada instante es un presente.

Pero, si aun sabiéndolo, una persona siente que «no tiene tiempo para ella misma» en realidad es que no tiene vida. ¿Tiempo para qué? Tiempo para pensar, por ejemplo. Todos echamos de menos tiempo para detenernos a pensar sobre lo que de verdad queremos y cuál es la clase de vida que deseamos.

Durante la desgracia del 11-S en Nueva York, el alcalde Rudolph Giuliani —que gestionó excelentemente la crisis— explicó que al ver que todo el mundo corría de un lado a otro se dio cuenta de que alguien debería detenerse y pensar. Pensar. Y eso hizo él. No era una situación fácil pero por esa razón era lo que más falta hacía.

¿Y nosotros? ¿Nos detenemos en medio de la carrera en la que nos encontramos para organizar la vida? Yo creo que no, tengo la impresión de que no nos tomamos ni media hora a la semana para pensar en qué es lo prioritario y lo que debería ocurrir en nuestras vidas a corto y medio plazo.

Me refiero a tomarse un respiro para que cada uno pudiera «reunirse» consigo mismo. Lo que llamo «la hora mágica». Cada semana debería tener programada una hora mágica para disponer de la oportunidad de decidir el próximo paso que queremos dar.

Mis clientes de coaching suelen comentarme que «no tienen tiempo para planificar su tiempo». ¿No es una contradicción? Yo siempre les pregunto: ¿cómo es que tienes tan poco tiempo? O: ¿cómo es que tienes tanto por hacer? Me llama la atención. No deja de sorprenderme que una persona vaya tan escasa de tiempo, porque cuando eso ocurre es señal de que algo anda mal.

Sí, hacer muchas cosas —o estar muy ocupado— no es un síntoma de éxito, sino más bien de «fracaso»; y eso sucede tanto en lo personal como en lo profesional. Cuando llevaba equipos de trabajo en la banca comprobé que los menos eficientes se quedaban después de terminar la jornada y que incluso se llevaban trabajo a casa. No se organizaban, no gestionaban su tiempo correctamente, e incluso hacían tareas que no era preciso realizar. Daba la sensación de que hacían cualquier cosa con tal de no acometer lo importante.

Estar muy ocupado no significa nada si no se hace lo que debería hacerse.

El tiempo, al venir dado, parece que no tenga valor; y lo cierto es que vale más que el dinero. Este, si se pierde se puede recuperar más adelante, pero con el tiempo no ocurre lo mismo: una vez ha pasado, ya no puede recuperarse. Sí, el tiempo se va a cada segundo para no volver. Alguien debería decirnos cuando nacemos que «nos estamos muriendo poco a poco», tal vez así aprovechásemos más nuestro tiempo en el planeta.

Tengo varios consejos para recuperar tu tiempo perdido:

1. Acepta que simplemente no hay tiempo para todo.
2. Di «no» cuando es «no».
3. Identifica a tus ladrones de tiempo.
4. Levántate una hora antes y aprovecha ese tiempo.
5. Prioriza, lo primero es lo primero.
6. Planifica tu jornada.
7. Delega, subcontrata, externaliza.
8. Haz las cosas adecuadamente, no perfectamente.
9. Evita desplazamientos innecesarios.
10. Desestima, elimina, simplifica.

Muchos cursos de gestión de tiempo pretenden hacer caber más y más cosas. ¡Menuda locura! No, no se trata de exprimir el reloj o la agenda hasta que grite «¡piedad!»; se trata más bien de hacer lo que cuenta y dejar de hacer lo que no conduce a ningún lado, no es prioritario o puede delegarse en otras personas. Todo se resume en elegir entre lo importante y lo accesorio, lo esencial y lo banal; porque, queramos o no, no hay tiempo para todo y hay que priorizar y elegir. He comprobado infinidad de veces que, cuando haces lo importante, lo urgente se resuelve solo o ¡desaparece!

Haz más de lo que cuenta y menos de lo que no cuenta.

A mí me ha dado muy buen resultado centrarme en «un día cada día» (y no tratar de resolver toda la semana o todo el mes o ¡toda la vida!). Un día cada día, es la dosis adecuada: hoy me ocupo de hoy, y mañana ya me ocuparé de lo que el día traiga consigo. Esta receta Zen me salvó de la locura cuando mi agenda empezó a complicarse y a reventar por las costuras.

Más aún: cada día, una única tarea a la vez. Después de una cosa, la otra; nunca dos cosas a la vez. Sí, ya sé que algunas personas tienen la capacidad de hacer varias cosas a la vez, pero eso tiene un alto precio: el estrés. También la familia suele apoyarse mucho en la madre y esposa; pero si su familia la quiere de verdad, deberá comprender que ella también necesita su tiempo. (Y si ellos no son capaces de entender eso, tal vez la esposa y madre debería plantearse si en realidad la aman.)

Si te enfocas con plena presencia a lo que ocurre ahora, podrás gestionar tu tiempo de verdad. Cuando divides el día en momentos, puedes administrar el tiempo: una hora cada vez, una cosa cada vez, un día cada día... es todo. Y con eso basta.

Ooooooooooom.

EN POCAS PALABRAS: Protege tu tiempo, como proteges tu vida, de hecho son lo mismo. ¿Cómo hacerlo? Aprende a decir «no» cuando es «no», porque cuando dices «sí» y quieres decir «no», en realidad te estás diciendo «no» a ti mismo. Sí, ya sé, evitas el conflicto con los demás, pero lo trasladas a ti.

LA TAREA DE ESTA LECTURA: Enfócate en un día cada día, una tarea a cada momento... Es la receta para la paz interior y las cosas bien hechas.

Y UNA PREGUNTA PARA RESPONDER: ¿Cuándo me digo «no» cuando digo «sí»?

Tu estrategia de lectura intensiva

Para realizar un cambio hace falta en primer lugar el deseo de cambiar, pero ¿cómo cambiar si ese deseo no existe? Imposible. Cuando el cambio no es una opción, no hay opción. Simplemente «no existe» un nuevo «sitio» donde ir. Lo primero es saber que cambiar es posible.

Para activar la posibilidad de un cambio es necesario tener un pensamiento que nunca se ha tenido antes: una posibilidad nueva, una tierra inexplorada, un horizonte por descubrir. Un nuevo pensamiento o un nuevo paradigma son el principio del cambio.

Repítete a ti mismo tres veces, en voz baja, esta ley intemporal: «Un cambio es experimentar los resultados de un nuevo autoconcepto».

¿Pero cómo pensar por primera vez algo que nunca antes se ha pensado? Es sencillo: «echando un vistazo en la mente» de otra persona (y cuyos mapas mentales sean muy diferentes a los nuestros; cuanto más, mejor). Es algo que puede conseguirse escuchando activamente una conversación, atendiendo con interés en una conferencia, leyendo un libro inspirador... no importa el modo, lo que importa es entrar en contacto con una «mentalidad diferente». Y así pensarás cosas que no has pensado antes.

Un cambio en la mente lleva, a la larga, a un cambio en la conciencia, y la conciencia es la causa primera de todo lo que experimentamos en nuestra vida. Siempre que busques la causa que activará el cambio, activa nuevos pensamientos, los cuales revelan un nuevo nivel de conciencia más expandida que a su vez creará un efecto en lo que llamamos «realidad» (la «pizarra» donde plasmamos lo que somos).

Como he dicho antes, los libros desempeñan un papel importante a la hora de alcanzar cambios significativos en la vida. Un libro te permite «reunirte» con su autor o autora y recibir de ellos la síntesis de su experiencia, trabajo y conocimiento. Un libro ahorra tiempo, abre caminos nuevos, inspira cambios esenciales.

Siempre he creído que una librería es el umbral de entrada a un mundo nuevo para mí. Y así ha sido. Me han sanado, me han inspirado, me han enseñado, me han enriquecido... Siempre que tengo un problema, pruebo primero con un libro (o dos, o más). No suele fallarme. Le debo mucho a los libros porque, sobre todo, soy lector.

Si la gente supiera que está a apenas un libro de su vida soñada, saldría corriendo a una librería ahora mismo.

Te animo a convertirte en un lector compulsivo de textos útiles que puedan catapultarte a un estado mental y de conciencia, donde muchos de tus antiguos problemas dejan de existir. En realidad todos tus problemas se disolverán si profundizas en lecturas serias.

EN POCAS PALABRAS: Cuanto mayor es el cambio deseado, mayor es la base de pensamientos que deberán cambiar antes; pero los pensamientos no pueden cambiar sin nuevas ideas, creencias y paradigmas que los inspiren. Como la realidad que experimentamos es una manifestación de cómo somos (pensamos, sentimos, actuamos) se precisa una «renovación radical de la mente» para hacer un cambio de vida de arriba abajo.

LA TAREA DE ESTA LECTURA: Lee intensivamente, uno o dos libros por semana como mínimo, sobre temas diferentes (siempre ensayos), lleva siempre libros encima (o un e-reader) y aprovecha cualquier momento para leer. En unos años, entrarás en otra dimensión y serás invulnerable a la mayoría de problemas que experimentas ahora. Ve a una librería —con presupuesto ilimitado— y cuelga en tu frente el cartel: «Cerrado por reformas».

Y UNA PREGUNTA PARA RESPONDER: ¿Qué es lo que no he pensado antes y debería pensar para transmutar mi realidad?

El poder creativo de la imaginación

Se ha dicho que la imaginación es más poderosa que la experiencia porque una está construida con lo conocido, lo cual siempre es finito, y la otra se construye con lo desconocido, lo cual es infinito.

Uno de los buenos consejos que he recibido, en mis incontables lecturas de autores inspiradores, es «pensar fuera de lo establecido» (o «pensar fuera de la caja»). Dicho de otra manera, pensar cosas diferentes a lo habitual.

Ocurre que cuando pensamos algo que no hemos pensado nunca antes, en cierto modo ya somos alguien diferente, porque ese camino neuronal en el cerebro inaugura posibilidades en nuestra realidad que antes no existían. ¡Y eso ocurre solo por pensar!

El modo más sencillo de pensar cosas que nunca has pensado antes es a través de la lectura. Leer te pone en contacto con mentalidades nuevas y diferentes. Cuanto más te sorprenda una opinión, más interesante es en ese sentido, pues te proporciona un paradigma mucho más alejado del tuyo, y, por lo tanto, una oportunidad mayor. Seguro que, en medio de una de tus lecturas, de pronto has sentido que acababas de recibir una «revelación» que iba a suponer una gran diferencia en tu vida. Un ¡ajá!, un *insight*. Ahí lo tienes, te recomiendo trabajar en ese paradigma porque encontrarás perspectivas anteriormente inimaginables.

Un salto cuántico en la mente te conduce a una nueva vida.

Otro consejo: «Actúa como si…»; es decir, da por supuesto que lo que deseas ya ha ocurrido. Sí, en cierto modo eres un soñador que se engaña a sí mismo. De todos modos te engañarás en otra cosa, así que ¿por qué no mentirte en lo que deseas? Eso te llevará a vivir una fantasía, de acuerdo… pero solo por un tiempo. Cuando lleves cierto tiempo actuando «como si» (fingiendo que eres o tienes lo que deseas), será real y ya no estarás fingiendo. ¡Será verdad!

Piénsalo, cuando cambias tu comportamiento, es cuestión de tiempo que ese nuevo comportamiento te lleve a una nueva realidad. Es inevitable. Por ejemplo, si te comportas como una persona feliz, es inevitable que acabes por sentir esa felicidad, porque tu realidad se adaptará para que lo que haces y lo que sientes coincida con lo que vives.

Al principio fingirás, después será real.

Por un tiempo eres un «impostor optimista» porque «juegas» a que tu vida ya es mejor (y aún no lo es en apariencia), pero adivina qué sucede: con el tiempo deja de ser «un juego de simulación» y pasa a ser tu nueva realidad (y no virtual, precisamente). ¿Cuánto tiempo es necesario? Depende, cuanto mejor finjas y más te comportes de acuerdo con lo que quieres crear, menos tiempo tardarás en verlo como una realidad.

Todo lo que alguna vez se ha creado estuvo antes en la imaginación como un deseo, y antes de eso, en la consciencia como una intención. La realidad objetiva es producto de la imaginación individual y colectiva. Y aunque todos los «objetos» que parece contener se muestran como independientes de nuestra percepción, la verdad es que vivimos en un mundo de «imaginación cristalizada» o cosificada.

La imaginación es el puente que conecta la intención creativa de la consciencia con los sueños y deseos de la mente. Es una herramienta de creación de primera magnitud. Cuando descubrimos que somos seres capaces de crear nuevas realidades desde la pura consciencia, la misma que crea universos, sabemos que nuestros deseos, combinados con nuestra imaginación, serán nuestra próxima realidad.

Es extraño que cultivemos tan poco el recurso creativo de la imaginación, incluso que haya quien afirme que «no tiene imaginación» porque lo que está expresando es que piensa que no será capaz de crear.

Sin embargo, para llegar a crear la vida que quieres, antes deberás descubrir quién eres en realidad, y, desde esa convicción, te asistirá el poder más grande del universo. Soy consciente de que estoy entrando en un terreno filosófico, pero creo que es el mejor modo de expresar lo que quiero decir.

La vida ideal que buscamos está basada en lo que podemos imaginar hoy.

EN POCAS PALABRAS: La imaginación es superior a la experiencia en entornos de cambios rápidos, porque los nuevos problemas no pueden ser resueltos desde la inexistente experiencia, sino desde la creatividad ante los nuevos retos.

LA TAREA DE ESTA LECTURA: Para conseguir cosas diferentes has de pensar cosas diferentes a lo que pensaste anteriormente. Hoy, busca una idea que nunca antes hayas tenido y acúnala hasta que inspire un cambio de mentalidad.

Y UNA PREGUNTA PARA RESPONDER: ¿Cuál es hoy la idea extravagante que mañana podría ser corriente o normal?

Hazte estas buenas preguntas

«Si una y otra vez te planteas la misma pregunta, no cabe duda de que terminarás encontrando una respuesta», es una cita de Anthony Robbins y estoy de acuerdo con él; de la misma manera que él estaría de acuerdo conmigo en que los grandes logros son fruto de buenas preguntas que no exigieron una respuesta fácil ni rápida.

Para conseguir más cambios y que estos se produzcan más rápidamente conviene hacerse mejores preguntas. En ningún momento digo «responder preguntas», sino simplemente «formularlas» porque una pregunta extraordinaria es mejor que una respuesta correcta.

El éxito es de las personas que se atreven a hacerse grandes preguntas y que dejan que estas les acompañen, les envuelvan, hasta que surja una gran respuesta de manera inesperada en las horas corrientes. Las mentes creativas, cuando no encuentran una respuesta, cambian de paradigma o cambian la manera en que formulan la pregunta. O, simplemente, pasan a otra cosa y dejan la pregunta en suspenso porque saben que esta llegará cuando menos se la espera y de donde menos se la espera.

Hacer buenas preguntas es una habilidad que hay que aprender para conseguir una vida más realizada.

Algunas de las razones para hacerse preguntas son:

- En realidad, ya tienes las respuestas que estás buscando, pues eres un «experto» en tu vida, y quien más sabe de ti. Las preguntas harán aflorar respuestas inconscientes que te revelarán qué hacer en cada momento. Sabes que formular tus propias respuestas resulta mucho más auténtico que buscar las respuestas en otros.

• Las preguntas empoderan porque asumen que hay respuestas que aguardan a ser escuchadas. Si te preguntas a ti mismo, estás honrando tu sabiduría interior, te estás diciendo que lo que piensas o sabes es importante, y transmites autoconfianza al mundo.

• Las respuestas propias motivan más porque las personas están más motivadas a desarrollar sus propias ideas y soluciones que las de otras personas.

En este proceso de indagación, nunca fuerces una respuesta, sostén la pregunta y admite no tener una respuesta inmediata.

Cuando te formules una pregunta, deja que tu mente trabaje con ella e «imagine lo inimaginable», no te precipites aceptando la primera respuesta, espera las respuestas más elaboradas.

Cuando indagues, acepta vivir sin las respuestas, pues el objetivo de las buenas preguntas es iluminar tu mente. Y nada excita más la mente que una pregunta bien formulada. (De igual manera que Google es el mejor buscador de internet, las preguntas son el mejor motor de búsqueda con el que cuentas para conocer tu verdad.)

El arte de preguntarse es toda una ciencia que se aprende con el tiempo. Hay preguntas que no llevan a ninguna parte, y hay preguntas que conducen al campo de todas las posibilidades. Hay preguntas que no merece la pena responder, y otras en cambio, tan valiosas que no necesitan una respuesta. Yo mismo escribí un libro específico sobre este tema: *Cien preguntas que cambiarán tu vida en menos de una hora*, porque reconozco el valor de la buena indagación.

Las buenas preguntas tienen unas características que las hacen reconocibles. Básicamente, se puede afirmar que las buenas preguntas:

• Se enfocan en lo que quieres y no en lo que no quieres.
• Son preguntas abiertas y no cerradas.
• Conducen a un nuevo paradigma y dejan atrás viejos paradigmas.

- Tienen varias respuestas y no una solamente.
- Crean nuevas sinapsis en el cerebro y estimulan una nueva forma de pensar.
- Ayudan a tomar buenas y mejores decisiones.
- Cambian vidas.

Como probablemente esperas algunos ejemplos de preguntas poderosas, he aquí media docena de ellas para tu autocoaching:

- ¿Qué haría si no pudiera fallar?
- ¿Qué es en realidad lo que quiero?
- ¿A qué me apego que ya no necesito?
- Si fuera a cambiar un solo aspecto de mi vida, ¿cuál cambiaría?
- ¿Qué puedo hacer diferente para conseguir un resultado mejor?
- ¿Qué me impide actuar ahora?

Y las preguntas que no te recomiendo son las preguntas cerradas que admiten un «sí» o un «no» como respuesta; porque no generan opciones, a menos que las formules para tomar decisiones (en cuyo caso sí son adecuadas). Tampoco recomiendo las preguntas que incluyen presuposiciones (como esta: ¿por qué siempre todo me sale mal?), ya que no buscan una respuesta sino reforzar una creencia y son justificaciones. En fin, se trata de preguntas que no son preguntas, sino afirmaciones. Y tampoco son, ni mucho menos, preguntas basadas en la culpa y el juicio gratuito.

EN POCAS PALABRAS: Hacerse preguntas no es un síntoma de ignorancia, sino de sabiduría. Los valientes aspiran a saber, el resto se acomoda en la ignorancia y hacen que el mundo encaje en ella. Las personas más autorrealizadas son capaces de cuestionar su presente para construir su futuro ideal. Y utilizan las herramientas de las buenas preguntas para crear nuevas realidades, primero en su mente y después en su vida.

LA TAREA DE ESTA LECTURA: Aprende a preguntar, cuestiónalo todo, indaga, no des nada como seguro, somete todas tus creencias a un interrogatorio en «tercer grado» con preguntas que empiecen por: ¿qué?, quién?, ¿cómo?, cuándo?, ¿cuáles?, ¿dónde?, ¿para qué?, ¿de qué manera?...

Y UNA PREGUNTA PARA RESPONDER: ¿Cuál sería la mejor respuesta a mi duda si la conociera?

Desintegra tus creencias limitantes

Si has elegido este libro, entre los muchos que se publican, es porque ahora mismo hay algo que desearías conseguir en tu vida. ¿Qué es? ¿Qué completaría tu realidad hasta hacerla ideal? ¿Qué es lo que está ocurriendo y no debería suceder; o qué no está ocurriendo y sí debería ocurrir?

Gráficamente: estás en el punto «A» y vas a «B», pero entre esos dos puntos hay una brecha y necesitas que alguien te diga cómo salvarla. «A» es lo que ocurre, y «B» es lo que debería ocurrir. ¿Verdad? Ahora vamos a valorar la importancia de estar en «A». Lo que «debe ocurrir» es precisamente ¡lo que ya está ocurriendo! No es que no esté de tu lado, todo lo contrario. Quiero asegurarme de que comprendes que, para que ocurra lo que deseas, tú tienes que cambiar. Si eso no sucede, ir a «B» sería un despropósito, no durarías mucho allí. Porque no te habrías «ganado» el estar allí.

Tu situación actual es un buen punto de partida. No está nada mal, es probable que en tu vida has alcanzado logros notables. Y deberías felicitarte por ello. Todos somos exitosos en algo aunque nadie lo es plenamente. Todos tenemos éxito algunas veces aunque no siempre. Pero, sin duda, ya eres exitoso en algún aspecto. ¡Y puedes repetir!

La buena noticia que voy a darte es que, sea lo que sea lo que quieras conseguir, solo se interponen entre tú y ese deseo las creencias limitantes y los comportamientos de sabotaje. Lo positivo de esto es que bastará con eliminar los límites. ¡Y lo cierto es que puedes eliminarlos! Todos los pensamientos pueden cambiarse, no importa el tiempo que lleven contigo, ni de dónde procedan (es mejor no tratar de averiguarlo, porque no serviría de nada).

¿Cómo pasar de «A» a «B»? Cambiando creencias y comportamientos. (En un nivel más esencial te diría que «elevando tu nivel de conciencia», pero corro el riesgo de ponerme místico.)

Piénsalo: tienes creencias que heredaste o copiaste de gente poco exitosa. ¿Crees de verdad que ese «software mental» que no les funcionó a ellos te servirá a ti? Claro que no. Es como apostar por un caballo que ha perdido las últimas mil carreras, pensando que en la siguiente ganará. No, no y no. Hay una parte en la mente de todo ser humano que debería declararse «siniestro total» porque no tiene arreglo. Si el caballo está muerto, hacerle la respiración artificial no servirá de nada.

Debemos hacer un *reset* mental de las creencias que nunca funcionaron (y nunca lo harán). Analizar las creencias limitantes no es sencillo porque, como sabes, las creencias son invisibles (aunque tienen efectos muy visibles) y además se convierten con el tiempo en «lo normal». Con los comportamientos es más sencillo, aunque no hay que confiarse, los hábitos también acaban haciendo invisible a sus legítimos propietarios y pasan desapercibidos.

Necesitarás aprender a cuestionar las creencias que, por norma, dominan tu vida. Y para ello te cedo el uso y disfrute de estas buenas preguntas (el rayo láser que desintegrará tus viejas creencias):

1. ¿Cómo es mi vida con esa creencia?
2. ¿Cómo sería mi vida sin esa creencia?
3. ¿Cómo es mi vida con este comportamiento?
4. ¿Cómo sería mi vida sin este comportamiento?

Cuando veas el elevado precio que pagas por mantener creencias en tu mente y hábitos en tu comportamiento, es posible que decidas pasar a la acción.

El punto de inflexión consiste en «estar harto de estar harto» (una situación muy interesante). Cuando sientas esa sensación, felicidades, estás en un punto de no retorno. Estás a un nanosegundo de quemar las naves. Adelante, quémalas, tu navío no puede llevarte más lejos. La pregunta que surge entonces es: ¿cuándo cambiaré? Y se responde con: cambiarás cuando no cambiar sale más caro que hacerlo.

EN POCAS PALABRAS: Tu situación presente habla de ti, refleja tus decisiones, creencias, comportamientos y hábitos hasta la fecha. Tal vez no es un mal punto de partida pero puedes aspirar a algo mejor.

LA TAREA DE ESTA LECTURA: Te propongo identificar las creencias poderosas que sustituirán las creencias limitantes, y convertirlas en afirmaciones o decretos positivos, cortos y concretos. Esas afirmaciones serán tus «mantras» diarios que instalarán un nuevo «software mental». Cuando sean tu nueva verdad, podrás traducirla en nuevos comportamientos, pero no antes.

Y UNA PREGUNTA PARA RESPONDER: ¿Qué creencias y comportamientos debería cambiar para desbloquear mi actual situación?

CAJA 2

Estrategias para desarrollar un plan de acción

Semillas mentales para el éxito

Las semillas mentales son una metáfora para referirme a las «impresiones en la mente» que aguardan las condiciones propicias para germinar y convertirse en experiencias. Doy por hecho que hay una relación directa entre la mente y las experiencias de la vida, y lo considero uno de mis paradigmas básicos, por lo que es esencial asumirlo para comprender mi propuesta de supercoaching.

Las semillas mentales influyen en la actitud, los comportamientos y los resultados en cualquier ámbito: la situación financiera, las relaciones, la forma en que nos tratan los demás, los hábitos cotidianos… En definitiva, moldean nuestra vida. Por eso es tan importante prestar atención a aquello que nutre nuestra mente.

Al igual que cuando siembras semillas de manzano no crece un peral ni un limonero, cuando sembramos en nuestra mente ideas constructivas cosechamos resultados constructivos, y cuando sembramos ideas destructivas cosechamos resultados destructivos. No puede ser de otra manera, piénsalo, de lo contrario violaríamos una ley de la naturaleza (la ley de la siembra y la cosecha).

Mentalmente debes decirte a ti mismo: la felicidad y la infelicidad son dos cosechas diferentes que resultan de siembras diferentes. No son una recompensa y un castigo, ni resultado del azar.

De esta ley se extraen varias conclusiones:

- Sin una semilla previa no puede crecer nada, todo es fruto de una causa.
- Una semilla nunca se pierde, y sus resultados no pueden ser extraviados.
- Una vez sembrada una semilla, germinará tarde o temprano, cuando se reúnan las condiciones necesarias.
- Los frutos de una semilla multiplican por cien los efectos de esta, ya que el fruto siempre es mayor que la semilla.

¿Es la ley de la siembra y la cosecha una ley del talión? Desde luego que no, el castigo no existe en la naturaleza, nadie juzga a nadie, no existe la culpa en el universo, solo existe la responsabilidad de las propias acciones. Nadie está dispensando recompensas y castigos, lo contrario es una visión simplista (infantilismo). A toda acción le sigue una reacción, es la ley de Newton que puede servirnos para establecer un símil. Lo que nunca sabemos es cuál será el resultado de nuestra semilla mental ni cuándo germinará.

Lo único seguro es que el efecto excederá en mucho las causas. Por ejemplo, una sola semilla, da lugar a un manzano que, a su vez, se cargará de incontables manzanas, año tras año. Una bellota de 30 gramos da lugar a un roble de 3 toneladas, y así sucesivamente. Como ves, los resultados son cien, mil veces mayores que las causas; como si un aleteo de mariposa acabara convirtiéndose en huracán.

Ahora bien, no siempre es sencillo determinar qué semillas han creado una experiencia, pues hay una brecha de tiempo entre la siembra de la semilla y el fruto. Esa brecha parece desvincular un efecto y su causa. Pero que el tiempo disimule la relación no significa que no haya una vinculación directa. Ahora que entiendes cómo funcionan las cosas, es posible que te preguntes cómo puedes anular el efecto de ciertas semillas mentales que sembraste, por descuido, tiempo atrás.

He de ser sincero: una vez plantadas, poco se puede hacer; cuando las condiciones sean las adecuadas, el efecto se abrirá paso en tu vida con fuerza. Aunque es cierto que puedes compensarlo de una manera:

- Entiende claramente lo que está pasando y las razones por las que sucede.
- Acepta la responsabilidad de lo que está ocurriendo ahora.
- Proponte crear una influencia positiva en lo sucesivo.
- Lleva a cabo una acción que ponga remedio a lo que has creado.

Y, por último, siembra una semilla mental que compense, o anule, la situación que deseas corregir. Como ves, acabas de recibir un curso de «jardinería mental» en cuatro minutos.

EN POCAS PALABRAS: Lo que sembramos es lo que cosechamos, lo que damos es lo que recibimos. No hay casualidades o azar. Se trata de una ciencia exacta y justa. Es una ley, y como toda ley no necesita que creas en ella o estés de acuerdo para que siga vigente como lo ha hecho desde tiempo inmemorial.

LA TAREA DE ESTA LECTURA: Llena tu jornada de pensamientos, intenciones y acciones constructivas, ayuda a una persona cada día y eso es lo que recibirás tarde o temprano porque eso es lo que habrás sembrado. Haz un pequeño favor cada día a una persona y cosecharás bendiciones de maneras que no alcanzarás a comprender.

Y UNA PREGUNTA PARA RESPONDER: ¿Qué he estado sembrando últimamente que ineludiblemente cosecharé?

El éxito siempre deja pistas

Modelar significa encontrar un ejemplo o modelo de referencia, aprender las razones por las que otros consiguen lo que consiguen, y aplicarlas; observar y replicar los elementos significativos. Sus ventajas son: ahorra tiempo y errores, y acorta la curva de aprendizaje para cualquier cosa que queramos conseguir en la vida.

Casi todo lo que se te pueda ocurrir, ya ha sido realizado antes por alguien, por lo que debes aprovechar esa experiencia y modelar su éxito. Existen cursos sobre cualquier cosa que te puedas imaginar, ¡por no hablar de libros! Te aseguro que todo lo que necesitas saber para mejorar tu vida en cualquier aspecto, ya está escrito en alguna parte.

Puede decirse que las personas estamos fotocopiadas: queremos las mismas cosas de la vida aunque creamos que nuestro caso es diferente al de los demás. Pero no lo es, nadie es especial. Somos repetitivos, casi aburrimos por predecibles. En mi gabinete de coaching he visto desfilar a cientos de personas que querían exactamente lo mismo: ser felices (lo único que cambia es la manera en que cada persona busca la felicidad).

Así pues, cualquier cosa que queramos conseguir, es seguro que alguien ya la ha conseguido antes. Aprovecha su experiencia. Revisa su biografía y su obra. Encontrarás libros, audios, cursos, manuales, blogs, vídeos… A la gente le encanta explicar cómo consiguió algo relevante, no se lo guardan para sí, no lo convierten en un misterio sino que acaba siendo un «secreto» a voces.

Las personas que han conseguido algo notable, o su mayor deseo o sueño, suelen estar dispuestas a ayudar a otros a lograr lo mismo. Basta con buscar un poco en internet, la biblioteca, la librería, la universidad… para encontrar esa ayuda. O puedes buscar un mentor, un coach, un profesor… que te acompañe en tu proceso de cambio personal.

El éxito deja pistas por todas partes.

Imagina que descompones un caso de éxito en fragmentos muy pequeños, que analizas cuáles son los pasos que han contribuido al resultado final, descubres el patrón que los caracteriza, y luego los sistematizas para aplicarlo en otros casos... Pues, bien, no lo imagines, es posible hacerlo realmente: es lo que llamo «modelaje».

Hace cientos de años no había tanta información disponible, y la que había estaba al alcance de un reducido número de personas. Actualmente, en la era del conocimiento y la información, el saber está al alcance de todos. Debido a la revolución de las tecnologías en la comunicación no hay excusa para no prosperar y evolucionar.

Para terminar: imagina que tienes el estilo de vida que has soñado para ti... La pregunta ahora es: ¿por qué tienes que soñarlo?

EN POCAS PALABRAS: Busca el patrón, el sistema, el método, los pasos... que te conducen donde vas. Está escrito en alguna parte. Encuentra un camino y síguelo hasta ver a dónde te lleva.

LA TAREA DE ESTA LECTURA: Busca en internet los siguientes recursos para modelar el resultado que te propones: 10 vídeos en YouTube, 10 post en diferentes blogs, 10 artículos publicados en revistas, 10 páginas web temáticas, 10 listas de consejos, 10 libros sobre el tema, 10 eBooks sobre el tema, 10 cursos sobre el tema, 10 videocursos sobre el tema, 10 grupos en Facebook y Twitter... Si después de revisar todo este material aún no sabes cómo hacer el cambio que buscas en tu vida, es que tratas de mudarte a Marte o algo parecido. Porque, para el resto de personas que buscan las cosas que queremos los mortales, hay pistas.

Y UNA PREGUNTA PARA RESPONDER: ¿Quién ha conseguido lo mismo que yo deseo conseguir en mi vida?

Para ganar aprende de los mejores

El éxito, o la ciencia de conseguir los deseos, se aprende (como todo en la vida). Lo que marca la diferencia es la forma de aprender. Para tener éxito hay que «aprender a aprender». Pero, sobre todo, tenemos que aprender de los que hay que aprender. Averigua quién ha conseguido lo que tú deseas y haz las mismas cosas que hizo; cartografía su mentalidad, pues en ella están todos los secretos que buscas. Para Brian Tracy no puede estar más claro: «Tu activo económico más valioso es tu capacidad de aprendizaje».

De niños, en la escuela, se nos enseñó con un método de aprendizaje basado en la memorización —en, por ejemplo, aprender de memoria la historia (en lugar de inventar el futuro)— y en castigar el error, recibir instrucción, repetir información y aprobar exámenes. Cuando los pequeños salen de la escuela, entran en el presente y el futuro; y cuando entran de nuevo en la escuela, se adentran en el pasado: por eso se aburren, pierden interés. Se les enseña un mundo que ya no existe, o se les habla de los logros de personas muertas, ¿a quién le interesa eso? ¿A cuántos niños les interesa un mundo que no existe? Exacto… a ninguno.

Los niños aprenden de otra manera. Ellos saben lo que es el superaprendizaje, por eso saben hablar o andar sin que, por suerte, se les enseñe en la escuela. Tienen la capacidad para aprender a velocidad supersónica si el contexto no les pone obstáculos. Aprenden modelando a los adultos (a los vivos, no a los muertos). Pero los adultos han olvidado a aprender tal y como sabían hacer antes de que la escuela se cruzara en su camino.

El superaprendizaje se basa en el método del ensayo y error, y en el modelaje (en los modelos de referencia). Además, el buen aprendizaje se hace de modo inconsciente e intuitivo, no a nivel lógico o consciente. No hace falta estudiar o memorizar.

Modelar es un proceso de aprendizaje superacelerado que consiste en replicar acciones y comportamientos exitosos de otros. Incluye, además de comportamientos externos, los comportamientos internos (pensamiento, creencias, valores, motivaciones, lenguaje corporal…) que son la esencia del modelo a replicar.

El secreto es averiguar por qué las personas que consiguen lo que tú deseas conseguir lo hacen con aparente naturalidad y «facilidad». Aprender de los mejores es descubrir las razones por las que consiguen unos resultados tan destacados.

Para aprender más, y más rápido, es necesario identificar los pensamientos y las acciones de los más brillantes: qué hacen, cómo lo hacen, por qué lo hacen y qué ocurre mientras lo hacen. Incluso: qué sienten y qué piensan al hacerlo. En resumen: replicar los factores relevantes de su éxito, que se evidencian identificando los patrones de su manera de proceder. Este sistema reduce la curva de aprendizaje dramáticamente y puede proporcionar en unos meses lo que de otra forma se tardaría años en conseguir.

El modelaje, basado en la réplica, tiene que pasar por estas fases:

1. Elegir una habilidad o logro a desarrollar o conseguir.
2. Buscar una persona como modelo de éxito en esa faceta.
3. Identificar los factores que le permiten hacer lo que hace tan bien.
4. Replicarlo hasta que se haga inconsciente como en el modelo.

El modelaje se estimula con estas preguntas:

1. ¿Cuáles son los patrones de conducta de las personas exitosas?
2. ¿Cuál es la diferencia que marca la diferencia?
3. ¿Qué hace de manera natural que es tan infrecuente en los demás?
4. ¿Qué hace antes de conseguirlo? ¿Y después de conseguirlo?

De la réplica y la indagación con «buenas preguntas» irán surgiendo las claves para hacer un modelaje efectivo, teniendo claro que no se trata de copiar, o ser un clon de otro, sino de transferir sus habilidades a un patrón que pueda usar cualquiera.

EN POCAS PALABRAS: Si alguien puede hacer algo, tú también puedes hacerlo en tu contexto particular, a tu manera, a tu paso, y a tu estilo. Que alguien consiga lo que deseas es la mejor noticia del mundo. Te está diciendo dos cosas: 1) es posible, por lo tanto, tú también puedes realizarlo; y 2) puedes imitar sus comportamientos internos y externos para conseguirlo.

LA TAREA DE ESTA LECTURA: Busca tres personas que admires por algún motivo en el área de la vida en la que deseas una mejora. Averigua todo lo que puedas de ellas y modela su actitud, su aptitud y su comportamiento. Te interesa identificar y sintetizar la plantilla del éxito. El resto son pequeños detalles.

Y UNA PREGUNTA PARA RESPONDER: ¿Quién hizo lo mismo que yo quiero conseguir?

Inventa el futuro y hazlo real

Imagina un material sensible a nuestros pensamientos, comportamientos y emociones... Bienvenido a lo que llamamos «realidad». La realidad es maleable como la plastilina. Esta metáfora lo ilustra muy bien. En la genial película *Contact*, la protagonista viaja a una «playa» perfecta donde todo es la suma de recuerdos e idealizaciones de su infancia. Allí descubre que ella ve lo que quiere ver, y que si «toca» el paisaje, este vibra como lo haría una imagen reflejada en la superficie de un lago. Esa realidad le responde y es sensible a ella. Porque, en realidad, la protagonista ve lo que proyecta, todo es una proyección. Pues bien, esa playa existe y es lo que llamamos «realidad». Dejo esta idea aquí, no es necesario estar de acuerdo con ella o aceptarla, pero es preciso que conozcas la existencia de este paradigma por si lo necesitas más adelante.

No se trata de: «mira lo que me ha ocurrido»; sino de: «mira lo que he proyectado».

Un físico cuántico diría que ahora mismo se está desplegando el futuro de ayer en el presente de hoy, y lo hace en el ámbito de las cosas visibles pero afectado por el ámbito de las cosas no visibles. Hay una realidad plegada y una realidad desplegada, o una realidad potencial y una realidad manifestada.

El futuro es un lugar muy interesante: vamos a pasar en él bastante tiempo. Y hay dos opciones para diseñar el futuro ideal: desde el pasado o desde el futuro. Veámoslo:

a) Al futuro desde el pasado: si eres de los que creen que lo que sucederá está determinado por lo vivido antes, buscarás experiencias pasadas para que diseñen tu futuro como una repetición del pasado. Todo encajará. En ese caso, habrá pocos cambios. No me malinterpretes, habrá cambios, sin duda, porque lo contrario no es posible, pero todos apuntarán en la misma dirección. Pensarás: «Siempre me pasa lo mismo, la misma historia». Pero es que no dejas opción, ya que en tu programa las experiencias van en la misma dirección. Tienes que cambiar el programa y comprender que eventos pasados no tienen por qué determinar eventos futuros.

b) Al futuro desde el futuro: si eres de los que creen que todo es posible si es imaginable, visita el futuro deseado en tu mente, fíjate en los detalles de tu ideal y después regresa a este momento (el único lugar en el que se pueden crear los cambios que deseas; de hecho, nunca abandonas el presente) para ponerte manos a la obra. Cuanto antes te enfoques en sus causas, antes crearás nuevas realidades en tu vida. Pero cuanto más trabajes en ti, más grandes serán los cambios conseguidos. Crea los cambios mentalmente, visualiza las metas como si ya se hubieran cumplido. Dalo por hecho (ya era una realidad potencial en el ámbito no desplegado).

Imagina un futuro en el que todos tus problemas están más que resueltos, dalo por hecho, que ya existe ese futuro y te aguarda, y después regresa al presente para encontrar los caminos que conducen a él. ¿Tu imaginación no te permite visualizarlo? Lo pondré más fácil: imagina que esta noche, mientras duermes, ocurre un milagro y todos tus problemas desaparecen. Al estar dormido no tienes ni idea de cómo ha ocurrido, ni te importa, porque cuando despiertas tu vida es otra y lo mejor de todo es que está libre de problemas. ¿Qué es lo primero que harías al día siguiente? Pues, bien, toma nota de cómo piensas, cómo te sientes y cómo actúas ahora que estás libre de tus problemas, porque esas son las claves de que los resuelvas sin esperar que ocurra ningún milagro. Mejor dicho, ahí tienes las claves para crear tu milagro por ti mismo.

Cuando queremos algo diferente, somos «novatos» (no tenemos experiencia, y por lo tanto no podemos conocer el «cómo» hacerlo real). Aun así, no tiene sentido esperar a que se nos revele el «cómo». Porque el «cómo» siempre viene después de haber empezado (mediante el enfoque y el compromiso), desde el momento en que la intención activa el principio de una nueva realidad. Y la única forma de averiguarlo es actuando.

La acción revela los medios: no puedes apelar a la experiencia en algo nuevo porque no existe.

«No-sé-cómo» es un límite absurdo a la consecución de los sueños.

No necesitas conocer todo el proceso de antemano, basta con conocer el primer paso, el cual te revelará el segundo, y así sucesivamente. Los faros de tu auto no pueden iluminar en la noche los mil kilómetros de tu viaje, pero sí los próximos cincuenta metros, y con eso te basta para cubrir esos mil kilómetros.

Saber que nadie empezó con el plan completo, te tranquilizará. Los grandes logros de la humanidad se producen en campos en los que no hay ninguna experiencia previa (no saben el cómo). Cuando algo es nuevo, nos obliga a ser muy imaginativos.

EN POCAS PALABRAS: Si quieres saber lo que las otras personas piensan, sienten o hacen, obsérvalas. Todo lo que hay en el presente fue imaginado antes y ha cristalizado en cosas y hechos. De igual manera, ahora mismo se están sembrando las semillas de experiencias futuras.

LA TAREA DE ESTA LECTURA: Diseña tu «hora de poder» y aplícate a ella cada día, dedicando veinte minutos de yoga, veinte minutos de lectura inspiradora y veinte minutos de visualización creativa (diseño del futuro). Y serás imparable, conseguirás los cambios que te propones y mucho más.

Y UNA PREGUNTA PARA RESPONDER: ¿Cuál es la siguiente realidad que estoy creando en este mismo momento?

Las sorprendentes consecuencias de vivir con objetivos

En mi experiencia personal y profesional hay un antes y un después de vivir con objetivos. Y la parte de después es la mejor. Cuando conocí el coaching, y la filosofía de trabajar con objetivos, cambió radicalmente mi forma de funcionar, conseguí un método. Y funcionó... y sigue dando buenos resultados.

Se ha dicho que solo el 3 por ciento de las personas establecen objetivos de alguna clase, el resto están a la expectativa: improvisan. Para mí es como si ese 97 por ciento de personas estuviesen perdidas en el espacio, a la deriva. ¿Te imaginas qué dimensiones tiene el universo? ¿Y flotar allí sin un plano y una brújula? Pues bien, aunque parezca exagerado, la mayor parte de las personas del planeta vive en la improvisación pura. Sin planes, sin objetivos, sin estrategias... Y si te tomas la molestia de preguntar a la gente si tiene un plan, te mirará con extrañeza, descubrirás que ni se lo han planteado. A lo sumo, te revelarán cómo van a pasar el fin de semana. Si eso es un plan, apaga y vámonos.

Entonces, sin un plan, ¿adónde se dirigen? A ninguna parte. En pocas palabras, siguen un esquema estereotipado: estudia, trabaja, hipotécate... y jubílate cuanto antes. En medio de este panorama, y para hacerlo más soportable, se recurre a las adicciones: televisión, comida, la vida de otros, victimismo, videojuegos, noticias, culebrones, actualidad deportiva... La depresión no tarda en llegar.

Ummm... mal asunto.

Se me ocurren varias razones para establecer objetivos, espero que resulten convincentes sus ventajas:

1. Si no vives por tus objetivos, alguien se ocupará de que vivas para los suyos.

2. Para adivinar el futuro, lo mejor es inventarlo estableciendo objetivos.

3. Un objetivo da foco, propósito y dirección.

4. Los objetivos permiten discriminar entre lo importante y lo que no lo es.

5. Las personas con objetivos viven con más satisfacción, e incluso más años, que quienes no los tienen.

No sé por qué digo todo esto porque, en el fondo, vivir sin objetivos es imposible. Piénsalo, incluso quienes no tienen objetivos tienen uno: ¡su objetivo es no tener objetivos! Y tienen estrategias para cargárselos antes de que prosperen.

Cuando la gente me pregunta: ¿y qué sucede si no consigues lograr tus objetivos? ¿No es una pregunta deprimente? Yo me pregunto lo contrario: ¿y qué pasaría si los consiguiera? Y entonces cambio de tema y hablo del tiempo.

Dejémoslo claro desde el principio: vivir con objetivos no debería estresarte. Todo lo contrario. Además, como los objetivos son tuyos, tienes la potestad de modificarlos, posponerlos, cambiarlos o descartarlos sobre la marcha. Son objetivos a la carta.

Por supuesto, no me creo que nadie consiga el cien por cien de sus objetivos siempre, pero aunque «solo» consiga un 50 por ciento creo que logra más que si vive sin ninguna clase de objetivos.

Pregunta a tus conocidos, sobre todo a los que nunca habrían abierto el libro que estás leyendo ahora, si tienen una estrategia concreta para:

1. Cumplir su mayor sueño.
2. Mejorar su energía y bienestar.
3. Conseguir mayores ingresos anuales.
4. Dejar de sufrir inútilmente.
5. Ser felices y cultivar la paz mental.
6. Elevar su nivel de consciencia.
7. Jubilarse libres financieramente.

Y fíjate en su actitud mientras piensan en lo que les has preguntado. Comprobarás que es como si les hablaras de universos paralelos, agujeros negros, física cuántica o la teoría de las supercuerdas... No saben ni remotamente a qué te refieres porque su estrategia es ir tirando y rezar para que las cosas vayan bien. O quedarse como están ahora.

No les culpo, yo viví aferrado a esa filosofía buena parte de mi vida. Hasta que tropecé con el coaching y decidí qué clase de vida iba a vivir, literalmente la inventé de la nada y años después apareció ante mí. Y todo cambió.

Por cierto, solo hay una cosa que me gusta más que establecer objetivos, y es cumplirlos.

EN POCAS PALABRAS: Los objetivos son una referencia, un punto de mira, ponen foco y añaden sentido. Lo que ocurra después es irrelevante, hay cosas que se consiguen, y otras no; y en ambos casos, casi nunca pasa nada importante. Lo relevante es el proceso personal de vivir por un sueño.

LA TAREA DE ESTA LECTURA: Elige un sueño y comprométete a vivir para hacerlo real, ¿por cuál empiezas?

Y UNA PREGUNTA PARA RESPONDER: ¿Qué tendría que ocurrir en mi vida para sentir que ha valido la pena vivirla?

Sé el director general de tu vida

Establece tus objetivos y sé el director general de tu vida, el «mandamás».

La metodología de trabajar con objetivos es una ciencia muy estudiada, que funciona y da resultado. Es una «tecnología de éxito», y, como tal, está fuera de discusión su efectividad porque ha sido testada y aplicada por infinidad de personas en todo el mundo, una y otra vez, con grandes resultados.

Soy consciente de que hay personas que tienen prejuicios acerca de establecer objetivos en su vida personal (tal vez creen que los objetivos son para lo profesional nada más), pero ya se ha dicho antes que en la vida o tienes prejuicios o tienes éxito, nunca las dos cosas a la vez. Hay que escoger.

Pero antes de establecer objetivos personales o profesionales es necesario tener un «para qué» motivador, una razón de peso que se convierta en gasolina para arrancar y propulsar el proceso de cambio. Sin un «para qué» los obstáculos enterrarán la idea por buena que sea.

No menos importante es clarificar los valores que nos guían en ese cambio. Los valores son cambiantes con el tiempo, y siempre son muy personales. El único mandato para aplicar valores a los objetivos es que no creen un conflicto de valores. Es decir, si un valor tira en una dirección y otro en otra, habrá un conflicto que afectará al objetivo y limitará los resultados. Es el «lo quiero pero no lo quiero».

Una vez sepas para qué quieres lo que quieres y qué valores están detrás de tus objetivos, el proceso será fluido.

Es hora de escribir tus objetivos, con tus propias palabras, de forma concreta y de modo que sean: específicos, posibles, ambiciosos, controlables por ti, fechados y/o cualificados, medibles.

Es decir, tienen que ser muy concretos, no algo imposible, que supongan un reto importante, que dependan de ti y no de otros, que puedan llevarse a la agenda, además de cuantificarlos si ello es posible, y que se pueda evaluar de alguna manera el avance y la consecución.

Después, subdivide el objetivo en metas con las que puedas trabajar con comodidad. Trocea el objetivo en metas intermedias, pasos intermedios, tareas... Y pasa todo eso a la agenda. Al hacerlo, estás confeccionando tu plan de acción. Esta es la parte más pragmática de tu objetivo y lo que te permitirá conseguirlo.

Sin un plan no hay acción ordenada ni resultados.

¿Crees que el hombre habría ido a la Luna, y regresado, sin un plan preciso? Es el momento para que alcances tu Luna.

Se me olvidaba: cuando escribas tu objetivo, incluye de forma expresa tu «para qué» y los valores asociados a tu objetivo, ya que incorporarlo te dará impulso y motivación extra.

Si ya lo has hecho, bienvenido al 3 por ciento de personas que se plantean objetivos. Ya formas parte del «club del éxito», ante tus ojos: la tierra prometida. Al margen del grado de consecución que alcances, mereces ser felicitado. Te aseguro que, aunque parezca increíble, el 97 por ciento de la población vive en la improvisación y se exige muy poco o nada.

A partir de ahora, repasa a menudo tus objetivos y su avance. Los objetivos son para cumplirlos, no para olvidarlos. Lo mejor es repasarlos cada cierto tiempo y ver cómo andan las cosas, es imprescindible hacer un seguimiento periódico. En ese momento puedes también reformular el objetivo, corregirlo. ¡Recuerda que es tuyo y puedes hacer con él lo que quieras! La decisión de reformularlo solo tú puedes tomarla. Descubrirás que en el camino hay cosas que exigirán esa actualización. Un objetivo crece y está vivo. Su razón es reflejar tu proceso de cambio y sacar lo mejor de ti en cada momento.

EN POCAS PALABRAS: Tus objetivos marcan los senderos por los que eliges caminar. Cuando sabes a dónde vas y la razón por la que te diriges allí, eres imparable. Im-pa-ra-ble. Descubrirás que no estás exigiéndote cumplir tus objetivos por los resultados mismos sino por la transformación que experimentarás en el camino hacia su logro. Y lo que eso te reporte permanecerá para siempre.

LA TAREA DE ESTA LECTURA: Clarifica tu lista de valores por escrito y or-
dénalos por prioridad o importancia. Son tu brújula vital.

Y UNA PREGUNTA PARA RESPONDER: ¿Cómo sirve mi objetivo a mis valores
actuales?

Crea tu propio destino

Los objetivos de principios de año no son la continuación de la carta a los Reyes Magos, sino la determinación de convertirse uno mismo en mago.

A principios de año, muchas personas suelen establecer sus objetivos para el nuevo año. Lo que todos sabemos es que normalmente estos objetivos no suelen cumplirse. ¿Por qué? La respuesta es
sencilla, el nivel de compromiso es bajo o inexistente. Las personas,
por lo general, desean cumplir sus deseos pero no siempre están
dispuestas a pagar los «precios» para que se cumplan.

También, a final de año, suelen hacerse rituales para que se cumplan los deseos: algunos los escriben en un papel y luego lo queman
en la noche mágica de Reyes —o en la de Nochevieja—. Otros en-
tierran su deseo escrito como acto simbólico para que «crezca», y hay
quien pone la hoja de deseos en el horno para que se vaya «cocinan-
do». Los más, la mayoría, los repasan mientras toman las doce uvas
de la suerte… Por no mencionar la superstición de la ropa interior
roja. Todos estos rituales son divertidos pero ineficaces. Si alguien
cree que unas uvas o una prenda de ropa interior van a cambiar su
vida, quizá debería pedir hora para el psiquiatra.

Mi «ritual» preferido funciona mejor: repaso cada semana del
año mis objetivos personales y profesionales, y trabajo cada día
del año en ellos.

Una reflexión: si alguien planea sus vacaciones de forma más detallada que los próximos cinco años de su vida, algo no funciona bien. ¿Entiendes ahora por qué hay tan pocas personas que consiguen lo que quieren? La persona promedio se sube a un bote con la esperanza de llegar a su isla idílica, se relaja y se olvida de la navegación (nadie rema, nadie lleva el timón) y entonces allí, en medio de la nada, se pregunta por qué está tan perdida. ¿Cómo es que cada día aterrizan aviones en la pequeña isla de Hawái en medio del océano más grande del planeta? La respuesta no es «por casualidad», ni tampoco «por obra de la improvisación». Es porque existe un plan de vuelo preciso y detallado en grados, minutos y segundos.

Lo que está ocurriendo ahora mismo es que muchas personas van a la deriva, como cohetes perdidos en el espacio, o náufragos en medio del océano... siempre sin llegar a ninguna parte; y esto sucede porque no tienen ningún plan preciso.

El destino es demasiado importante como para dejarlo en manos de la improvisación.

Trabajar con objetivos es una de las mejores cosas que me han ocurrido en la vida. Desde que me aplico a ellos, mi nivel de logro es espectacularmente elevado. Estoy al mando de mi destino. Muchas personas dicen que los objetivos son un motivo de estrés y que no están dispuestas a aceptar más presiones. Pero yo atiendo a más personas que sufren por no tener un objetivo en la vida, que a personas que están estresadas por no haber cumplido sus objetivos.

Ya he dicho que me encanta hacer planes y me gusta aún más cumplirlos. Por supuesto que no consigo todo lo que planeo, pero como me pido tanto, tantísimo, me basta con alcanzar el 70 por ciento. ¡Esto es ya un gran logro! Resultado: desde que trabajo con objetivos personales y profesionales llevo el estilo de vida que siempre deseé.

«Estilo de vida», retén esta expresión porque es clave para entender el valor de inventar una vida y crearla.

El destino se crea por omisión o por decisión, y creo que esta última opción es la mejor.

En tan solo un minuto sabrás cuáles son las tres actitudes que te ayudarán a crear tu destino. Toma nota: primera, un nivel de compromiso absoluto (los compromisos inferiores solo garantizan resultados inferiores); segunda, disciplina sin fin: es decir, si se trabaja la lista de tareas, es cuestión de tiempo conseguirla; y tercera, autoexigencia con uno mismo: es decir, ser duro con uno mismo (y no blando) porque es la cima de la autoestima.

Y las tres recomendaciones que puedo hacer a una persona que está empezando a establecer sus objetivos personales y/o profesionales para crear su propio destino serían: primera, leer buenos libros de superación personal y mejora profesional; segunda, contratar un coach, porque un coach pide mucho más de lo que uno se suele pedir a sí mismo; y tercera, trabajar con objetivos, de la manera que planteo en este libro.

A fin de cuentas, no hay nada que perder y se puede ganar una vida.

EN POCAS PALABRAS: Con desear no basta. Todo el mundo desea una cosa u otra. Sin un alto nivel de compromiso y la firme decisión de pagar los precios para que se cumplan los objetivos, nada puede suceder.

LA TAREA DE ESTA LECTURA: Usa esta estrategia para establecer objetivos: «desde el final». Esto no significa que debas ir hacia atrás, sino planificar partiendo del objetivo mismo. Cuando uno tiene bien claro a dónde va, es mucho más fácil trazar el camino que le conduce a ese lugar. Es la estrategia de los sherpas del Nepal: para subir una montaña planean el camino desde la cumbre hasta el campamento base. Los sherpas lo hacen desde la cima. Lo hacen los organizadores de las Olimpiadas desde la fecha de inauguración. Lo hace un escritor con sus libros desde la palabra «fin»... Y lo hace todo aquel que consigue algo notable.

Y UNA PREGUNTA PARA RESPONDER: ¿Cuál es mi estilo de vida ideal y cuáles los caminos que me conducen allí?

Cómo establecer objetivos para tu vida ideal

Todos tenemos deseos profundos, y, también, deseos señuelos en nuestra mente que nos confunden y que no hacen más que dispersarnos acerca de nuestra voluntad real más auténtica. Podría resumirlo en dos categorías:

a) sueños profundos;
b) caprichos banales.

Este libro quiere ayudarte a conseguir los primeros (y no los segundos, lo cual supondría aumentar el ego innecesariamente). Pero antes tendremos que aprender a distinguir los unos de los otros. Veamos cómo conseguirlo.

Un sueño tiene una razón para producirse, una razón profunda que está vinculada con la realización personal. Es una llamada del corazón, fue depositado ahí seguramente antes de nacer. Se trata de un sueño que tiene el poder de transformar y cambiar la vida. Porque quien sueña es el yo real.

Un capricho es un deseo sin relevancia, no transforma a la persona, no cambia nada, busca la satisfacción por la satisfacción. Cuando se consigue, deja de interesar porque no hay amor, solo la búsqueda de satisfacción del ego. Quien se encapricha es el ego.

Para saber si se trata de un sueño o de un capricho, pregúntate la razón para desear lo que deseas. Es decir, averigua qué problema representa el no tenerlo (si es que representa un problema). Y cuando sepas esa razón, sigue preguntando: ¿y eso para qué? Hazlo tantas veces como sea preciso hasta que encuentres una respuesta reveladora. En coaching lo llamamos el «meta objetivo»: lo que hay más allá (la razón oculta) del objetivo.

En realidad, no queremos las cosas por sí mismas, sino por el estado mental, emocional, espiritual y material que comportan. Esa es la razón real. Y siempre está relacionado con necesidades profundas: la realización, la trascendencia, el legado, la satisfacción personal o ajena, la paz mental, o la contribución a la felicidad.

Pregúntate en qué cambiará tu vida cuando consigas tu sueño. Imagínalo. Para que valga la pena tiene que generar un cambio significativo; de otro modo, será solo un capricho pasajero. Imagina cómo sería tu vida y cómo te sentirías si manifestases tu sueño. ¿Es coherente con tus valores actuales? ¿Es para tu mayor bien y el bien de las personas involucradas?

Vamos a establecer tu objetivo:

- Escribe tu deseo, sueño, objetivo, misión o propósito.
- Asegúrate que está en tu mano y es controlable por ti.
- Crea una visión que lo represente en imágenes y sensaciones.
- Busca un referente real como un ejemplo de logro que puedas modelar.
- Imagina cómo sería un día normal cuando tu sueño sea una realidad.
- Actúa como si ya fuese real ahora, mientras trabajas en tu plan de acción.
- Pon fechas de consecución.

Convendrá encontrar una manera para evaluar tu objetivo y su nivel de consecución a medida que vas avanzando. Necesitas *feedback*, saber dónde estás, si te desvías o si cumples los plazos marcados (en caso de haberlos). Hay objetivos fácilmente cuantificables, como: perder peso, aumentar los ingresos o liberar tiempo; pero hay otros más complejos como: reducir el estrés o ser feliz. Como todo deja trazas, pregúntate qué indicadores pueden indicarte que vas en la buena dirección.

Especificarás un plan de acción en la siguiente parte del libro (y lo convertirás en tareas realizables o pasos), pero de momento basta con que determines cuánto tiempo te llevará realizarlo (tiempo horizontal en días, meses o años) y cuánto tiempo dedicarás en cada una de tus jornadas (tiempo vertical en horas). A más tiempo vertical, menos tiempo horizontal necesitarás (cuanta más dedicación en tu día a día, menos tardarás en verlo cumplido).

EN POCAS PALABRAS: Solo una minoría se toma la molestia de definir sus objetivos. Por esa razón, pocas personas ven cumplidos sus sueños. El hecho de definir un objetivo, trazar un plan de acción y trabajar en él marca la diferencia entre una vida lograda o no. Aunque parezca un juego de palabras, no lo es: saber lo que se quiere es esencial para conseguir lo que se quiere.

LA TAREA DE ESTA LECTURA: Establece tu objetivo siguiendo los puntos expuestos más arriba. Sé concreto y específico. Si lo haces bien, debería bastarte con media página (o incluso menos).

Y UNA PREGUNTA PARA RESPONDER: ¿Qué parece hoy «imposible» que, si fuera posible, lo cambiaría todo?

Apúntate al éxito extraordinario

Estamos tan poco acostumbrados a pedirnos más, que caemos en el conformismo. Y el resultado es desalentador. Obviamente, lo que no se puede cambiar se tiene que aceptar; pero, aun así, queda mucho margen de mejora en nuestras vidas. Afirmo esto porque nadie conoce en realidad su verdadero potencial.

Somos como un león muriendo de hambre en la selva o un millonario con amnesia que duerme bajo un puente. Hemos perdido todo contacto con nuestra realidad esencial y nos creemos débiles y pobres.

Hubo un tiempo en mi vida en que me pedía muy poco, jugaba un juego pequeño, iba a lo seguro, no arriesgaba nada y, por tanto, no era feliz. Me conformaba con un buen sueldo, un buen coche y un buen piso. Y me quedé atrapado en esas tres miserables trampas.

Cuando mi alma no pudo aguantar más tiempo esa falta de coherencia con mis valores emergentes, empecé a pensar en cambiar radicalmente. Las cosas cambiaron, y mucho. Tuve que emplear todos mis recursos, aprender otros y aplicarme al máximo. Y lo que sucedió es que me acostumbré a exigirme más (de una forma suave y respetuosa pero firme a la vez). Hoy no podría vivir sin pedirme a diario el esfuerzo de llevar mis supuestos límites un poco más lejos.

La búsqueda de la excelencia es como un yoga mental: aprendes a estirar tus horizontes mentales hasta alcanzar otros nuevos.

El poder de las metas reside en determinar en quién te convertirás, no lo que conseguirás. ¡Piénsalo!

Antes de que te preguntes qué quieres conseguir, debes repasar los diez logros más importantes de tu vida conseguidos hasta la fecha. Eso elevará tu autoestima y te motivará a ir un poco más lejos. Sin duda, ya eres una persona de éxito (pero después de aplicar los principios de este libro, tu éxito personal será estratosférico).

Bien, si ya lo anotaste, todavía tendrás que apuntar:

1. Cosas que quieres ser.
2. Cosas que quieres hacer.
3. Cosas que quieres tener.
4. Cosas que quieres aprender.
5. Lugares que quieres visitar.
6. Experiencias que quieres vivir.
7. Tu estilo de vida ideal.

Ahora estás ensanchando tus horizontes mentales, como en una postura o asana de yoga, pero lo que sobre todo estás estirando son tus limitaciones. Poco a poco, tu «músculo mental» se hará más flexible y podrás asumir posturas mentales que antes ni podías concebir. De eso se trata, de imaginar lo inimaginable.

Considéralo como tu lista de metas del corazón (una meta no es un sueño, es un compromiso, y los compromisos se escriben en el corazón).

Es importante que decidas qué deseas en tu vida, de otro modo podría ser que la improvisación fuese la norma (y tal vez los demás tomarán la decisión por ti). Si no sabes qué quieres, te aseguro que ¡surgirá alguien que sí sabrá lo que él quiere para ti!

Pídete más, un poco más. Y si te parece que tu lista de deseos vitales es muy larga, espera a vivir el último día de tu vida, porque entonces solo te arrepentirás de no haberte pedido más de lo que de verdad cuenta.

EN POCAS PALABRAS: Nadie sabe de qué es capaz en realidad hasta que se hunde su barco y tiene que empezar a nadar. John F. Kennedy fue condecorado como héroe de guerra por salvar a varios marineros. Cuando le preguntaron cómo lo hizo, respondió que hundieron su barco y, mientras trataba de salvarse, recogió a varias personas. Lector: hunde tu barco ahora mismo, te obligará a buscar una nueva costa.

LA TAREA DE ESTA LECTURA: Haz cuatro listas para cada uno de los puntos arriba señalados: ser, hacer, tener, aprender, visitar, experimentar, idear. En cada lista anota diez cosas. En total habrás elegido setenta metas, no hace falta que ocurra todo a la vez, pero haz bailar esas listas en tu cabeza durante un tiempo hasta que tu mente encuentre el modo de hacerlo real. No te exijas objetivos altos, pídete objetivos muy altos.

Y UNA PREGUNTA PARA RESPONDER: ¿Qué sería para ti una vida de éxito «escandaloso»?

Establece 8 áreas de interés en tu vida

De entrada, puede parecer excesiva la tarea de ponerse objetivos en ocho áreas de la vida (y más si antes nunca se ha trabajado con objetivos). Pero te aseguro que en el fondo solo hay un objetivo, el objetivo único es ser feliz. Todo lo demás son variaciones sobre un mismo tema.

Lo siguiente que descubrirás es que al trabajar con uno de esos objetivos en cada una de las ocho áreas de vida, el resto se verán afectados. Así que, en realidad, estarás trabajando en casi todas las áreas vitales a la vez, aunque de forma indirecta.

Yo creo que es una negligencia enfocarse en una única área de la vida y olvidar el resto, porque todo está conectado de forma multidimensional.

A partir de las ocho áreas de trabajo que te facilitaré, tu tarea será concretar un objetivo en cada una de ellas, según tus prioridades actuales. Pero, antes, he aquí una cita motivadora: «Podemos tener más de lo que tenemos porque podemos convertirnos en más de lo que somos» (Jim Rohn). Las ocho áreas de trabajo son:

1. Salud: más bienestar y energía; estilo de vida sano y mejora de la dieta, el peso y el estado general de salud; ejercicio; descanso, y equilibrio mental.

2. Relaciones: mejora de la vida social, cultivar las amistades, dedicación a la comunidad, tiempo para los miembros de la familia, calidad de las relaciones.

3. Pareja y familia: relación de pareja y con los hijos, mejora de la comunicación. Tiempo dedicado y calidad de las relaciones.

4. Profesión: planificación de la carrera laboral, mejoras en formación y en los ingresos, creación de negocios, desarrollo de proyectos y su expansión y mejora.

5. Finanzas: planificación financiera de ingresos y gastos, aumento de los ingresos, planificación del retiro, gestión de la deuda y el ahorro.

6. Comodidades: mejora, mantenimiento y uso de bienes materiales como la casa, el coche, el ajuar doméstico, etc.

7. Ocio: gestión del tiempo libre y de las actividades de ocio, aficiones, viajes, autoformación, deporte, lectura y actividades placenteras.

8. Espiritualidad: tiempo y espacio dedicado a la introspección y meditación, mejora de las actitudes, cultivo de valores y, en general, desarrollo espiritual.

¿En cuántas de esas áreas conviene trabajar al mismo tiempo? El trabajo en dos es fácilmente gestionable, teniendo en cuenta que ese trabajo se reflejará en mejoras en las otras áreas. En cualquier caso, cada año deberías tener al menos un objetivo menor en todas y cada una de esas áreas de la vida. Y uno mayor en un área prioritaria.

Imagina que participas en mi programa intensivo «Cita en la Cima» de coaching grupal y empiezas a repartir los ocho objetivos entre los doce meses del año para que puedas trabajar de forma planificada y ordenada, y así no dispersarte. ¿Cómo te sientes? Supongo que con las ideas más claras y con la sensación de tranquilidad al disponer de un plan de acción fechado.

También puedes dejar algo para el año que viene, recuerda que Roma no se hizo en un día.

Una vez hecho esto, convierte cada objetivo en listas de tareas, y cada tarea, en una acción divertida. Si resulta agradable, es más fácil jugar en la tarea que trabajar en la tarea. Todo se puede convertir en un juego. ¿No me crees? Entonces es que te tomas la vida demasiado en serio. Te aconsejo que veas la película *La vida es bella*, y sabrás a qué me refiero.

Tampoco creas que estarás en el nivel diez en todas las áreas y en todo momento. La vida tiene altibajos; seguro que siempre puedes hacer mucho más para cambiar tu vida a mejor en uno u otro ámbito.

Ahora que sabes lo que quieres en cada área de tu vida, vamos a convertir los objetivos en un plan:

- Escribe tu vida ideal o sueño del corazón.
- Convierte el sueño en objetivos específicos.
- Convierte cada objetivo específico en pasos intermedios específicos.

- Convierte cada paso intermedio en tareas sencillas y divertidas.
- Asigna tiempos y fechas a cada una de esas tareas divertidas.
- Disfruta del proceso.

Ya tienes un «plan de conversión de sueños en realidades». Suena bien, ¿verdad? Pues aguarda a comprobar qué se siente al experimentarlo.

EN POCAS PALABRAS: Piensa en tu vida como si fuera un proyecto grandioso por el que vale la pena vivir, y contempla sus múltiples facetas como una simplificación para poder trabajar desde cada una de ellas. Es decir, las ocho áreas mencionadas son como las diferentes facetas de un diamante, todas reflejan la luz a la vez.

LA TAREA DE ESTA LECTURA: Toma la lista de las ocho áreas de la vida y valóralas con una nota, de cero a diez, que refleje tu nivel de satisfacción en este preciso momento. Fíjate en qué áreas necesitan más atención y dedicación; después ponte un objetivo ambicioso, pero posible, en cada una de esas áreas que es preciso mejorar.

Y UNA PREGUNTA PARA RESPONDER: ¿Qué tendría que ocurrir para que mi satisfacción en cada área de la vida fuera máxima?

Marca 8 objetivos para ti

A estas alturas de la lectura, ya conoces mi filosofía en lo que se refiere a los objetivos: creo que vale la pena establecer objetivos, sin olvidar que el objetivo no son los propios objetivos, sino el proceso de trabajar en ellos. Para mí es el compromiso de ser más consciente. Un proceso de cambio personal siempre transforma el ser. Por esa razón, siempre estoy dispuesto a cambiar sin obsesionarme con los resultados.

No siempre ganas, ni siempre pierdes, pero nadie puede quitarte el proceso (por eso el resultado es lo de menos). Lo que ocurra es irrelevante, lo que cuenta es en quién te conviertas.

Teniendo esto presente, traza tantos objetivos como creas necesario. Se trata de un juego: el de la transformación. No puedes negarte a jugarlo, solo puedes cambiar la forma de jugarlo y el momento en que lo harás.

Los objetivos son tu transformación y tu camino espiritual. Y como a veces no se nos ocurren ideas para establecer nuevos objetivos, aquí van algunos ejemplos (no es una lista cerrada; por favor, añade tu objetivo):

1. Salud: realizar una actividad física regularmente, mejorar la dieta alimenticia, controlar el peso, aprender técnicas de bienestar y relajación, empezar a meditar y practicar yoga, descansar regularmente, reducir el consumo de alcohol, etc.

2. Relaciones: mejorar los lazos con los seres amados y con la pareja, reforzar lazos con la familia, recuperar viejas amistades, dedicar tiempo de calidad a la familia, mejorar la relación con uno mismo, etc.

3. Negocios y profesión: mejorar las habilidades, conseguir nuevos clientes, mejorar la eficiencia y liberar tiempo de trabajo, duplicar facturación y beneficios, delegar en un equipo externo, expandir el negocio a su siguiente nivel, mejorar la práctica profesional, cambiar a un empleo mejor, aumentar las fuentes de ingresos, etc.

4. Dinero: planificación del retiro o jubilación; plan de ahorro; inversión; aumento de los ingresos; racionalización del gasto; contribuciones y donaciones; reducción de deudas; tarjetas e hipoteca; establecer presupuestos de gastos, etc.

5. Ocio: planificación de vacaciones y viajes anuales, tiempo para ti, planes para la familia, tiempo para la lectura, tiempo para aficiones, actividades al aire libre y deportes, etc.

6. Desarrollo personal: introducción del hábito de la meditación, mejora de la actitud, lecturas y cursos para la superación personal, profundizar en una religión, introducción de nuevos hábitos, etc.

7. Comunidad: voluntariado, acciones sociales y vecinales, contribuciones y donaciones, etc.

8. Formación: establecer presupuesto anual para la autoformación, lecturas semanales de libros, suscripciones a blogs, visionado de películas y documentales interesantes, asistencia a cursos, contratar un coach, etc.

¿Cuántos objetivos debes trabajar a la vez? Enfócate en tres áreas de tu vida en cualquier momento del año, sabiendo que el resto con toda probabilidad se verán influenciadas. Es el efecto bola de nieve que ya he mencionado. Creo que tener objetivos en una única área de las mencionadas es poco, infravalora nuestra capacidad de mejora que es infinita y la elasticidad ante los retos.

¿Es bueno poner fecha a los objetivos? Es imprescindible. Se ha comprobado entre los terapeutas que, cuando estos acuerdan con el paciente una fecha o tiempo límite en su tratamiento, las terapias funcionan mejor y consiguen mejores resultados que otros procesos sin fecha, abiertos y con continuidad indefinida. Una fecha establece un contexto temporal muy necesario que el inconsciente entiende y respeta.

Prioriza y temporiza los diferentes objetivos para conseguir cambios significativos, un año da para mucho. Basta con empezar y ser disciplinado. Haz que este año sea el principio de la mejor época de tu vida (puedes volver a leer este párrafo el año que viene).

EN POCAS PALABRAS: Encontrarás ejemplos de objetivos en cualquier cosa que te haga sentir mejor y se exprese como una verdad para ti. No en lo que los demás quieren o esperan de ti, no en «lo que deberías».

LA TAREA DE ESTA LECTURA: Coge papel y lápiz, vamos a divertirnos. Concierta una reunión contigo mismo, piensa, toma notas, formula objetivos y establece compromisos. Tómate un café contigo mismo para pensar en lo que de verdad cuenta y es importante. Puede ser el café más provechoso de tu vida.

Y UNA PREGUNTA PARA RESPONDER: ¿A qué es a lo que me he negado antes y a lo que voy a decir «sí» ahora?

Traduce tus objetivos en un plan de juego

Una de las mayores dificultades que puedes afrontar para lograr tus objetivos es no tener una planificación precisa que te guíe en el proceso, incluso un plan de contingencia para salvar los obstáculos cuando aparezcan (y ten por seguro que aparecerán).

Piensa una respuesta para esta cuestión: si algo pudiera salir mal, ¿qué sería?

Propongo que plantees tus objetivos como un juego, así le restas seriedad al proceso y lo conviertes en un reto divertido cuya superación vas a asumir de forma estimulante. Si no vas a pasarlo bien, entonces el objetivo no vale la pena. Para que tu «plan de juego» sea efectivo, introduce la diversión (sí, la vida es un juego).

Tómate un poquito menos en serio las cosas para que, de repente, mejoren.

Si hay alguien de quien puedes aprender es de un niño, porque para él, a la hora de afrontar un objetivo, no existe nada más estimulante que un juego. Conecta con el niño que llevas dentro y te darás cuenta de que, a través del juego, has aprendido muchas cosas que te han servido de adulto. Por ejemplo, aprender a hablar, nadar o correr no era una cuestión de vida o muerte, sino un desafío divertido. Por eso lo conseguiste.

En realidad, el objetivo es jugar y disfrutar. Aprende como aprenden los niños.

De hecho, muchos de los juegos infantiles son en realidad un entrenamiento para afrontar las dificultades de la vida. Piensa en el juego de la Oca. El jugador debe llegar a la meta y para ello va a tener que enfrentarse a diversas circunstancias comprometidas. Dependiendo de la casilla en la que caiga, unas veces se verá beneficiado avanzando más, y otras le obligarán a retroceder e, incluso, puede darse la situación de caer en las casillas de penalización. El juego es una cadena de problemas resueltos, y el objetivo último es pasarlo bien. A los adultos nos ocurre lo mismo.

Cuando tengas que establecer un plan de acción, ya sea a nivel personal o profesional, o cualquier otro reto que te propongas, deberás afrontarlo como un «plan de juego» en el que, al igual que en el juego de la Oca, vas a tener avances, molestos retrocesos y momentos de bloqueo. ¿Podrías ver tu proceso personal como un «juego de la consciencia»?

Antes de empezar el juego, considera estas reglas sobre la vida:

1. Cuando juegas, no siempre ganas pero siempre juegas.
2. Si no puedes ganar un juego, prueba a jugar otro juego.
3. No todos ganamos en el mismo juego pero todos ganamos en algún juego.
4. Cuando pierdes, puedes hacer muchas cosas, ¡incluso aprender las reglas de juego!
5. Cuando pierdes reiteradamente es que no estás disfrutando lo suficiente del juego.
6. No se gana o se pierde siempre.
7. El mejor juego es aquel en que todos pueden ganar a la vez.
8. El premio del juego no vale nada (los bienes materiales de la vida, tampoco, recuerda que todo lo que es tuyo pasará a ser de otro).
9. Al final lo que cuenta es haber jugado y disfrutado.
10. La vida es un juego.

Sé consciente de que el universo es una mesa de juego de proporciones gigantescas, de modo que debes aceptar toda circunstancia y afrontarla sabiendo que las dificultades te conducen a ser más consciente y a jugar otro juego más refinado.

La vida es un juego (ahora sabes que es el juego de la consciencia). Por favor, no te tomes tan en serio tu vida, ¡y empieza a jugar!

EN POCAS PALABRAS: La vida es un juego y hay que aprender a ganar y a perder con la certeza de que, en realidad, vivir es el premio, y que nunca perdemos nada importante.

LA TAREA DE ESTA LECTURA: Cuando tengas tu plan de acción, elabora un plan de acción divertido: tu «plan de juego». Describe cómo convertirás tus tareas en algo agradable y divertido. Y también establece tu plan de contingencia (si no puedes ganar un juego, prueba a jugar otro juego).

Y UNA PREGUNTA PARA RESPONDER: ¿En qué aspectos me estoy tomando demasiado en serio mi vida?

Pon tus hábitos a trabajar para ti

Los hábitos son la herramienta más poderosa para cambiar tu vida. ¿Sabías que cuando cambias un hábito, cambias tu cerebro? ¿O que es posible convertir una decisión en una conducta automática? ¿Y si te dijera que el 40 por ciento de tus acciones no proceden de decisiones conscientes sino de hábitos inconscientes? Los hábitos tienen sus propias reglas y, cuando las comprendes, se pueden cambiar. Es hora de poner tus hábitos a trabajar para ti de forma automática.

Nadie duda del poder de los hábitos. Pero el secreto está en crear cambios pequeños para conseguir grandes resultados. Activa el poder de lo pequeño con hábitos menores. No será una acción concreta lo que transformará tu vida en una experiencia mejor, sino la suma de muchos pequeños comportamientos, de hábitos menores pero no por ello menos importantes. Tomar una decisión y realizar un pequeño cambio está en la mano de cualquiera. Después de un tiempo, esto será una rutina y la nueva normalidad.

Un pequeño cambio tiene más opciones que un gran cambio. Jack Canfield afirmó: «Siempre que se disponga a mejorar sus capacidades, cambiar su comportamiento o mejorar su vida, comience por incrementos pequeños». Le doy las gracias por su aportación.

Para empezar, con un pequeño cambio basta. Solo una cosa a la vez (y algo sencillo). Nada de muchos cambios de golpe, sino uno a uno. Por ejemplo, ir al gimnasio una hora, tres días a la semana, es menos sostenible que hacer diez minutos al día de ejercicios en casa, para empezar. Además, esta segunda opción permite empezar ahora mismo, pero para ir al gimnasio habrá que esperar a apuntarse y ceñirse a un horario.

«Lo que configura nuestras vidas no es lo que hacemos de vez en cuando, sino lo que hacemos de forma consistente.» No lo digo yo, lo dijo Anthony Robbins, supermegagurú del cambio personal. Los pequeños cambios son más fáciles de mantener, pero no hay que olvidar que es la repetición lo que los hace poderosos. Un pequeño paso no es nada, pero mil pequeños pasos son mucho.

Cuando uno pretende realizar un gran cambio, si no cuenta con un andamiaje emocional, el entusiasmo se desvanece enseguida. Pronto surgen las excepciones que generan más y más excepciones. Y las excusas que se apoyan en más excusas. El resultado es: un castillo de películas mentales sin fin.

Lo reitero: un pequeño hábito es mucho más fácil de mantener en el tiempo. Además, los pequeños hábitos influyen en los grandes hábitos, es aquello de que una cosa lleva a la otra. Se desata el efecto dominó, y una pequeña acción puede cambiarlo todo a gran escala.

El cambio de hábitos básicos fomenta un cambio de hábitos a gran escala.

Sabemos que los hábitos se activan debido a factores desencadenantes. Por ejemplo, a ciertas horas del día, o en ciertos lugares, o con ciertas personas, se desencadenan ciertos hábitos. Se trata de identificar los disparadores de hábitos para controlarlos. También están relacionados con las recompensas. De modo que si identificas los desencadenantes y las recompensas, posees las claves para la sustitución de hábitos.

¿Cuál es la clave para establecer un hábito? Además de la repetición, es fundamental la autoconfianza. Si sabes que cumples lo que te propones, confías en ti y en lo que decides (y sabes que lo harás). Por esa razón, antes de establecer un hábito deberás trabajar en tu autoconfianza: el abono para que los hábitos florezcan. ¿Sustitución de hábitos? Sí, ¿no te lo había dicho? Creo que es más útil sustituir malos hábitos por buenos que tratar de luchar contra los malos hábitos.

Hay factores que modelan el poder de los hábitos:

- Si estás descansado es más sencillo crear nuevos hábitos porque dispondrás de más energía y todo fluirá.
- Si sigues cierta rutina, y evitas las interrupciones de estas rutinas, todo será más fácil.
- Si consigues el apoyo de tus círculos personales y su complicidad, todo será más sencillo.
- Si diseñas un entorno que facilite el hábito, todo irá bien.

Pero lo más importante que he aprendido sobre los hábitos es que en realidad no son el camino hacia un objetivo, ¡los hábitos en sí mismos son la recompensa! Deja de creer que son algo fastidioso o una herramienta para conseguir algo, acabarás descubriendo que el resultado es la excusa para conseguir el hábito, la verdadera recompensa. ¡El hábito es el objetivo! Por ejemplo, tener una buena silueta no es la recompensa por hacer ejercicio (aunque no está mal). La verdadera recompensa es el hábito de hacer ejercicio que te mantiene: más joven, más sano, más longevo, más ágil; pero, a la vez, más inspirado, más conectado, más creativo, más centrado... Como puedes comprobar, el hábito supera con creces el objetivo inicial, porque en realidad el hábito es el objetivo, y algo deseable en sí mismo.

Los buenos hábitos son el hábito y la norma, y entonces el éxito se convierte en un hábito. ¡Con buenos hábitos no puedes no tener éxito! (Cita tuiteable, compártela, por favor.)

EN POCAS PALABRAS: Los hábitos te enseñan mucho de ti mismo, son tu herramienta de transformación (te impulsan a superar supuestas limitaciones). En realidad, no sirven para conseguir resultados materiales, sino para cambiarte a ti. Y esa es la mayor recompensa que puedes conseguir. A fin de cuentas, la vida no es «lo que haces» o «lo que consigues», sino «en quién te conviertes». Y cuando lo percibes así, cambiar de hábitos no es un fastidio sino un gozo.

LA TAREA DE ESTA LECTURA: Planifica y escoge tus hábitos estrella. Para ello escribe en el calendario doce pequeños hábitos nuevos, pequeños comportamientos que sumados construirán un nuevo yo y una nueva vida. Distribúyelos entre los próximos doce meses, uno por mes. Haz irrelevante la fuerza de voluntad y pon tus hábitos a trabajar para ti: ¡la fuerza de voluntad se volverá automática y no requerirá esfuerzo alguno!

Y UNA PREGUNTA PARA RESPONDER: ¿Cuáles son los hábitos de las personas a las que más admiro?

El truco no revelado para la autoestima radical

He llegado a la conclusión de que lo que consigas de la vida nunca será más importante que tu nivel de autoestima. Déjame que te lo explique.

Se han escrito infinidad de libros sobre el tema, se imparten cursos, se llenan las consultas de psicólogos de personas que desean mejorar su autoconcepto… pero se olvida que este concepto lleva delante la palabra «auto» y que, por tanto, la valía es fruto de la autopercepción y no de lo que digan los demás.

La cultura occidental ha inventado la necesidad de ser «especial» para alguien o ser «especial» en algo... Y las personas hemos comprado el deseo de ser «especiales». ¿Qué ha ocurrido? Quien más, quien menos, ha construido una autoimagen de sí mismo: «especial en positivo» o «especial en negativo». Es decir, hay personas que se sienten «mejores» —por encima de los demás— (se adoran), y otras que se sienten «peores» —por debajo de los demás— (y se detestan).

No sé de dónde partió la idea de que debemos buscar la aprobación externa, y que en el caso de obtenerla podemos sentirnos felices, y en el caso de no obtenerla hemos de sentirnos desgraciados. El reconocimiento externo es un arma de dos filos: por un lado, puede subir la moral, y por otro, también puede dejar por los suelos el estado de ánimo.

No tienes que demostrar nada a nadie.

Cuando una persona se convierte en buscadora compulsiva de la aprobación externa, cae en su propia trampa y entra en un ciclo sin fin de necesidad. Se condena a sí misma, sin saberlo, a ir de cumplido en cumplido, a recabar la aprobación ajena, a necesitar incluso el halago. Ya no es libre, depende de que los demás alimenten su necesidad de ser aprobada. Se podría decir que esa persona pierde el tiempo y la paz mental buscando la felicidad en el lugar equivocado.

Es obvio que no hay nada malo en tener la aprobación ajena. El problema es cuando se necesita; y, sobre todo, cuando se confunde el verdadero valor personal con la aprobación externa. Son dos cosas muy diferentes, y cuando se entiende esta gran diferencia, las personas se centran en identificar su valor y no en buscar ser valoradas.

Reforzar la autoestima significa aumentar el valor personal, pero no ante nadie. Cualquier palabra que empiece por «auto» (autoestima, autoconcepto, autoimagen...) tiene que ver con uno mismo y no con los demás. La autoestima se refleja en cinco áreas de la vida: la salud, la economía, las relaciones, la familia y el trabajo. Revisa estas áreas, cómo te va en ellas, y sabrás cuál es tu nivel de autoestima. Pues tu nivel de resultados no puede estar por encima de tu nivel de autoconcepto.

Una persona con autoestima saludable es: sabia sin ser pedante, asertiva sin ser agresiva, poderosa sin necesitar la fuerza, ambiciosa sin ser codiciosa, profunda y no banal, humilde sin ser servil, valiosa sin ser orgullosa. Y lo más importante: no se compara con los demás, ya sea en positivo o en negativo. En su nivel de consciencia, la comparación no tiene sentido alguno porque no hay diferencias esenciales, solo aparentes.

¿Cuál es el secreto de la autoestima? En mi opinión, el secreto es no evaluarse. Es mucho más interesante establecer una relación de amor con el planeta, en lugar de mirar de puertas a dentro para evaluar si somos dignos o no de amor. Lo que lo cambiaría todo es dejar de establecer «una relación con uno mismo» y establecer «una relación con el resto del mundo».

Esta podría ser una buena receta para las autoestimas infladas o las autoestimas raquíticas: olvidarse un poco más de sí mismos y enfocarse plenamente en los demás. En definitiva, entender que la autoestima baja o alta son un síntoma inequívoco de desconocimiento del yo esencial.

EN POCAS PALABRAS: Por favor, ámate un poquito más (o mucho más) y luego sal y sirve al mundo. No podrás aprender a amar al mundo y sus habitantes si antes no te amas a ti completamente (por mucho que aún debas mejorar, ese no es el punto). Porque no encontrarás nada diferente de ti en el mundo. Solo puedes encontrar lo que has encontrado antes en ti.

LA TAREA DE ESTA LECTURA: Valora con una nota, de cero a diez, las cinco áreas de la vida mencionadas, y sé honesto contigo mismo. Te dará una idea de cuánto puedes avanzar. Y después hazte la pregunta que sigue.

Y UNA PREGUNTA PARA RESPONDER: ¿Para qué necesito la aprobación ajena y qué precio pago por ella?

Superautoestima con 6 hábitos

Tener la autoestima alta está bien, pero se trata de algo puramente provisional, ya que existe otro nivel superior.

No me malinterpretes, no la estoy infravalorando, sino que podemos ir más allá de ese concepto. Y para ello seré radical. A estas alturas, no podemos divagar más tiempo con algo tan básico.

Te propongo pasar al siguiente nivel en la autoestima: el «amor duro por ti» o amor radical sin brechas, sin concesiones ni medias tintas. Ahora es preciso pasar de curso (imagino que no te conformarás con ser «repetidor» en tus lecciones). Te propongo el grado avanzado, la maestría o el doctorado en autoestima. Y sé que estás preparado porque, de otro modo, no estarías leyendo este libro.

De ninguna manera pretendo inflar tu ego. Pero, lo mires como lo mires, el hecho de no amarse no me parece una opción válida. Si no te amas sin reservas, de forma totalmente incondicional, entonces: ¿cómo podrás hacer lo mismo con los demás? Practica en ti, conviértete en sujeto de tu práctica, en tu cobaya. Como no eres diferente a los demás, aplícalo a todas las personas con las que te cruces en tu camino. Considéralo una práctica, un ejercicio para consolidar un nuevo hábito: amor radical, sin fisuras. Amor duro por ti.

Esto es lo que puedes hacer para amar de forma radical:

1. Sé disciplinado. La disciplina es la más alta prueba de autoestima por lo que haces y por quién eres. Cuando te amas al cien por cien, la disciplina no te exige ningún esfuerzo, fluye sola (lo difícil sería no hacer lo que amas).

2. Toma decisiones difíciles. No pospongas una elección en situaciones complejas porque la situación podría empeorar enormemente, es más importante actuar rápido que tomar la decisión «perfecta». Las personas que toman decisiones difíciles tienen vidas muy fáciles.

3. Compromiso total. Vivir las cosas a medias provoca resultados medianos; solo el compromiso total proporciona resultados extraordinarios. «Amateur» no es lo mismo que «profesional», al igual que un amante no es una pareja, ni «intentar» es «conseguir»... En cualquier cosa que hagas, comprométete al cien por cien.

4. Nunca te quejes. No conozco a nadie que consiga sus metas en la vida y esté quejándose todo el tiempo, o que se sienta víctima de las circunstancias. Esa persona simplemente no existe. Hay que elegir, y cuanto antes, entre quejarse o tener éxito. Créeme, lamentarte no puede darte lo que quieres, pero sí lo retrasará.

5. Crea tus circunstancias propicias. Cuando la situación sea adversa, dale la vuelta y crea las condiciones propicias para que tus objetivos prosperen. Crea un entorno en el que tus metas ocurran casi por sí mismas, de forma inevitable. El contexto es importante e influye, pero influye más en los resultados la actitud comprometida.

6. Sé paciente y persistente. Lo bueno lleva su tiempo, lo rápido no dura. La inmediatez es un contravalor, un obstáculo para conseguir tus objetivos. El amor duro por ti se manifiesta cuando eres capaz de esperar «lo que haga falta» hasta conseguir lo que deseas. Y si insistes lo suficiente, un día lo habrás alcanzado.

EN POCAS PALABRAS: Cuando el amor es real y se expresa sin vacilación, de forma total y sin condiciones, el temor desaparece y no hay nada que pueda detenerlo, porque es la fuerza más poderosa del universo. Cuando sabes quién eres en realidad, y por tanto quiénes son los demás, el concepto de autoestima te da risa, es un juego de niños (egos).

LA TAREA DE ESTA LECTURA: Haz tres listas con lo que has elegido ser: más disciplinado, más paciente, y más persistente... Trabaja en ello porque ese es el objetivo real de cualquier cambio que persigas, los resultados son un efecto secundario irrelevante. ¡Tú eres la obra de tu vida! Y con eso cambias el mundo.

Y UNA PREGUNTA PARA RESPONDER: ¿De qué maneras no estoy demostrando amor completo por mí?

Tómate tiempo para pensar

Hay un tiempo para planificar y un tiempo para actuar. Y los dos son necesarios. La acción es el resultado de la determinación, sin esta no hay hechos. Me he encontrado que muchas personas se saltan los medios que conducen a los efectos que buscan, de alguna manera creen en un universo de efectos que carecen de causas. Es como si solo hubiera derechos pero no deberes; cuando gracias a los deberes pueden existir los derechos.

Hay un tiempo para cada cosa. Al período que uno se toma en preparar su siguiente paso se le llama «afilar el hacha». ¿Está tu hacha lo suficientemente afilada? El nivel de resultados que alcances depende del tiempo que dediques a afilar tu hacha (no podrás cortar el árbol si no afilas el hacha primero). Si siempre estás haciendo cosas pero no te paras a pensar, el filo se desgasta, el hacha se desafila, deja de ser eficiente y cada vez debes esforzarte más para conseguir lo mismo. Todo va muy lento… y es muy duro.

Hay un tiempo para ti, no renuncies a él.

La gente trabaja y trabaja sin llegar a nada significativo porque no «afila el hacha». Incluso pienso que la gente busca excusas irrelevantes para no afrontar lo importante.

La gente corre y corre, como una gallina descabezada, en una huida hacia delante, a ninguna parte. Es como ir en auto con el depósito vacío y no parar para repostar porque se tiene prisa. No tiene sentido. Al final el coche se detendrá de todos modos y se creará un problema mayor.

Un jinete pasa a todo galope por el camino. Un vecino le grita: «¿Adónde vas?»; y el jinete responde: «No sé, pregúntale al caballo». Esto mismo sucede con tantas vidas: están desbocadas y lo peor es que van a una velocidad de vértigo. No saben a dónde van pero no tardarán en aterrizar dolorosamente en alguna parte y averiguarlo. No conozco mejor receta para que todo siga funcionando bien que detenerse de vez en cuando. Es decir, se trata de hacer menos para conseguir más.

La gente que ha logrado el éxito protege su tiempo de manera cuidadosa.

El estrés no viene de fuera —trabajo, clientes, tráfico, mercado, familia, entorno, vecinos, noticias...— sino del miedo que forma parte del «cuerpo dolor» (que lleva mucho tiempo enterrado en nuestro inconsciente) y que se activa con cualquiera de esos factores externos. El estrés no es exógeno, es endógeno y es la forma de afrontar la vida. Basta entonces de señalar afuera, porque ahí no encontraremos su solución. El mundo seguirá siendo lo que es y haciendo lo que hace pero nosotros podemos cambiar el modo en que lo percibimos.

Deshazte del miedo, porque el estrés solo es un efecto secundario del miedo.

Te ayudará a parar y estar presente. Hacer una pausa nutre, permite reflexionar acerca de dónde se está y a dónde se va y para qué se va. Si no te paras ahora, igualmente tendrás que detenerte tarde o temprano. No engroses las estadísticas de personas que no saben a dónde van, simplemente porque no se han parado a pensarlo.

Dedica un día entero a pensar en tu siguiente año, y si un día te parece mucho tiempo, entonces ¡tómate dos días! Si estás pensando seriamente, actuarás como un profesional y primero trazarás un plan. Pensar en el siguiente paso no es perder el tiempo, es ganarlo; de hecho, también es actuar, pero en el mundo de las ideas y las intenciones.

EN POCAS PALABRAS: Piensa delante de un papel, a solas, y sal de tu mundo cotidiano para poder ver tu vida con perspectiva, deja volar tu creatividad e imagina una vida ideal. Después, vuelve a este momento, al aquí y ahora, y ponte manos a la obra. Bájalo a tierra.

LA TAREA DE ESTA LECTURA: Dedica unas horas cada semana a pensar en tu siguiente nivel. Serán tus horas mágicas: piérdete, desconecta el móvil, aléjate de todo, reúnete contigo mismo en un lugar agradable y anota lo que surja. Esta es la receta para dar un salto cuántico.

Desata una tormenta mental de opciones

Contar con una opción nada más es no tener opción, es una obligación. No hay donde escoger, es «lo tomas o lo dejas», es lo que hay... Pero cuando se cuenta con varias opciones, decidir es elegir.

Está comprobado que la autoconfianza aumenta con el número de opciones con las que cuenta una persona. Cuantas más opciones, más confianza. En los estudios realizados sobre este tema, se comprobó que cuando una persona tiene dos o más opciones no abandona el curso de acción, y, si lo hace, tarda más en abandonar, aguanta más. Porque sabe que si una opción falla, siempre podrá probar la otra. Tiene un plan de contingencia. Eso le confiere un plus de esperanza y confianza.

Crea opciones. ¿No te es fácil crear listas de opciones? Tal vez es la falta de práctica. Funciona bien preguntarse una y otra vez: «¿Qué más?». Y no dar el proceso por terminado hasta llegar a algo significativo. En el proceso de *brainstorming* la regla es no ser crítico con las ideas que surjan, simplemente se trata de anotarlas sin evaluarlas. Todo esto debe hacerse en un ambiente de relajación para ser más creativo (la naturaleza es un buen lugar, y un ambiente tranquilo, también).

Para tomar buenas decisiones, conozco un secreto: tener cuantas más opciones mejor. Sí, es un tema de cantidad, no tanto de calidad.

Lo que debe hacerse a continuación es jerarquizar las opciones para poder elegir una entre las tres mejores. Hay que crear procesos de eliminación sucesivos hasta dar con algo con lo que se pueda trabajar.

Si no eres partidario de trabajar con una lista, no te preocupes, a veces la mente prefiere otro tipo de escenario (no secuencial, sino global), por lo que te sugiero probar con un «mapa mental» (MP). En internet encontrarás mucha información sobre esta herramienta de éxito. Ve al buscador de imágenes de Google y escribe: «mapa mental», para hacerte una idea de lo que hablamos.

Ahora que ya sabes a qué me refiero, quiero profundizar en la herramienta porque la considero una de las llaves del éxito. En resumen, un mapa mental es básicamente una representación gráfica de tus ideas, lo que te ayuda a organizarlas de una forma clara de un vistazo. Incluso encontrarás software para crear tus MP desde tu smartphone, tablet u ordenador. Te lo recomiendo para sintetizar toda la información que deberás manejar en la elaboración de opciones y toma de decisiones.

Un MP se compone de: palabras, imágenes, símbolos, colores y relaciones. Puedes usar un MP, por ejemplo para:

- elaborar presentaciones e informes,
- planificar tu trabajo diario,
- negociar una operación,
- preparar llamadas telefónicas,
- emprender un proyecto,
- resumir un informe o un libro en una página,
- resumir una reunión en una página,
- analizar problemas,
- preparar una entrevista o cita importante,
- desarrollar un producto, un servicio, o un negocio,
- organizar tus vacaciones,
- solucionar un problema,
- tomar notas en una reunión, o
- diseñar tu vida ideal.

Empieza por hacer un MP, es muy sencillo, y te darás cuenta de su versatilidad y acabarás encontrando utilidades que se adapten a tus necesidades. Yo los uso para todo y los confecciono desde mi tablet.

Las siete pautas que te ofrezco para dibujar un mapa mental son:

1. Empieza en el centro de la página, desarróllalo radicalmente.
2. Usa un máximo de seis subideas.
3. Utiliza colores y códigos de colores para cada una.
4. Asocia lo principal con lo secundario mediante líneas.
5. Traza líneas curvas (orgánicas) y no rectas.
6. Escribe solo unas palabras clave por línea.
7. Utiliza imágenes y símbolos.

Pruébalo y verás que el *mindmapping* es una técnica de éxito que te ayuda a generar nuevas ideas, pensar globalmente y tener toda la situación a la vista. En definitiva, se trata de una herramienta de genios para llevar tu vida a otro nivel.

EN POCAS PALABRAS: Un bajo nivel de logro suele estar causado, no por una incapacidad real, sino por la falta de hábito en imaginar más alternativas a la situación actual. Cuando estas aumentan, la confianza y las posibilidades de conseguir las metas también se incrementan.

LA TAREA DE ESTA LECTURA: Haz tu MP de opciones sobre el asunto que te preocupa, después valora las ventajas y las desventajas de cada opción, y en función de esto priorízalas. Verás toda la situación holísticamente, sin pensar en ello secuencialmente.

Y UNA PREGUNTA PARA RESPONDER: ¿Qué le aconsejaría a mi mejor amigo o amiga en mi misma situación?

Usa la técnica de los genios: mapas mentales

Si quieres saber más acerca de cómo aplicar los MP a los objetivos personales puedes seguir leyendo.

Escribir los objetivos personales y profesionales es una necesidad. No es lo mismo tenerlos en la cabeza como ideas abstractas que llevarlos al mundo de la realidad aunque solo sea con palabras sobre un papel. Es ahí donde se empiezan a hacer reales. Pero con los papeles y las notas ya sabemos lo que ocurre, se traspapelan. ¿Dónde dejé mis objetivos de principios de año? ¿Lo guardé dentro de algún libro? O, lo que es peor, ¿estaban en un archivo word perdido en el disco del ordenador? Otra práctica llamada al desastre son los post-it que se pegan en la puerta de la nevera. ¡Acaban cayendo como hojas de árbol en otoño y nunca más se supo!... (Usa los post-it como recordatorio de que tienes que ir a la tintorería, o a comprar plátanos... pero no los uses para acordarte de cómo crear tu vida ideal.)

Es mejor que utilices un MP: un contexto visual a todo color, con imágenes y en 2 dimensiones, y no en forma lineal, ni como el monotono (un solo color y aburrido, a la vez) y monótono diseño de las notas y listas secuenciales en el papel. Con tu MP, dispondrás de tu destino en una única pantalla, y de un vistazo. El mundo es visual.

Sé sofisticado, sé digital, y usa un archivo que te acompañe a todas partes en tu smartphone o tablet. Si mantienes una carpeta de objetivos, podrás consultarla en cualquier parte para revisarlos, y así tus objetivos entrarán en tu vida, de otro modo saldrán para extraviarse. Yo te recomiendo usar MP para concretar objetivos, y usar además una aplicación de *mindmapping*.

Expongo a continuación más pautas (que ya te serán familiares):

- Usa palabras clave, líneas y colores, además de imágenes o iconos.
- Dibuja flechas radiantes, desde el centro, para cada idea.
- Pon metas, pasos intermedios, con sus fechas o plazos.

- Convierte el mapa mental en un plan de acción desglosando las tareas.
- Revísalo y refínalo a menudo.

El mapeo mental enlaza los dos hemisferios cerebrales y, en consecuencia, se convierte en una herramienta poderosa para pensar, planificar y organizar un objetivo usando el pleno potencial del cerebro.

Hay muchos proveedores de software para *mindmapping*, algunos gratuitos y poco sofisticados, y otros de pago y más sofisticados. Yo uso los siguientes desde hace muchos años: iThoughts, iMindMap y XMind en mi tablet, smartphone y en mi portátil. Y ya no sabría organizar mi vida y mi trabajo sin ellos. Hay un antes y un después de descubrir esta herramienta para generar ideas y organizarlas, y yo me quedo con el después.

Las ventajas de digitalizar tus mapas mentales son:

- Son reeditables, almacenables, reutilizables.
- Se pueden imprimir.
- Puedes usar hyperlinks o enlaces a sitios de internet.
- Puedes usar archivos con notas, con submapas.
- Puedes incrustar fotos digitales, iconos, símbolos.
- Es un archivo exportable a otros formatos (jpg, pdf, texto...).
- Los puedes compartir por email.
- Dejas de gastar papel y tinta.
- Puedes sorprender a los demás.

Espero haberte convencido acerca de las bondades de los MP, aunque hay algo más que no te he dicho: ¡son muy divertidos!

EN POCAS PALABRAS: En lugar de usar el viejo sistema secuencial de la lista, una cosa después de otra, prueba el sistema del mapa mental. Es la herramienta de los genios, y tú estás leyendo este libro para que tu vida sea genial.

LA TAREA DE ESTA LECTURA: La próxima «lista de la compra» hazla con un mapa mental: por departamentos. Y resuelve tus compras más eficazmente; y sorprende a quien va detrás tuyo en la cola de caja cuando curiosee a tus espaldas.

Y UNA PREGUNTA PARA RESPONDER: ¿Con qué palabras, colores e imágenes puedo representar visualmente mis objetivos?

Cómo disolver cualquier problema

Una persona se encuentra a un amigo y le confiesa: «Soy muy desgraciado, tengo muchos problemas»; a lo que su amigo responde: «¡Hombre, pues no los tengas!». Cuando una persona atraviesa por un momento así, seguro que esta anécdota no le hace ninguna gracia, pero si se parase a reflexionar, descubriría que las complicaciones acaban convirtiéndose en una «posesión». Según decía el psicólogo Sigmund Freud, algunos de sus pacientes se resistían a soltar o mejorar debido a las «ventajas ocultas» que todo problema conlleva.

Los humanos parecemos destinados a afrontar toda clase de contratiempos en una sucesión inacabable de dificultades. Cuando una parece resolverse, aparece otra y otra más. Incluso, a veces, parece que todas las dificultades se presentan de golpe. Surgen en tantos aspectos de la vida, y en formas tan variadas, que hacen sentir impotencia a quien las padece.

Cada una de esas dificultades suele tener una apariencia distinta. Muchas parecen estar causadas por factores externos, al margen de lo que uno pueda hacer o dejar de hacer; como si se tratara de una sucesión de golpes de mala suerte. Vistas las cosas así, no es extraño que la ansiedad sea la patología crónica de nuestros tiempos.

Pero ¿no estaremos abusando de la palabra «problema»? ¿No estaremos confundiendo acontecimientos, realidades, sucesos naturales...

con conflictos? Por ejemplo, el hecho de que llueva, ¿es un inconveniente? ¿Lo es hacerse mayor? ¿La vida es un dilema por resolver? El uso y abuso del concepto «problema» puede confundirnos.

Pensar que el problema son los demás ¡ya es un conflicto! Aunque otras personas pueden crear una situación conflictiva, o participar en ella, en realidad quien la percibe como un «conflicto» es quien le da poder al problema.

Se ha dicho que los conflictos son las «historias» que nos contamos acerca de cómo suceden las cosas. Y que cuando las personas cuestionan sus relatos —lo que se cuentan— pueden llegar a una percepción de los hechos diferente. ¿Y si su naturaleza dependiese de lo que nos repetimos una y otra vez? ¿Y si la repetición convierte en «verdad» lo que solo es una interpretación?

Tal vez sea más conveniente abandonar la discusión con la realidad —acerca de cómo son las cosas o cómo deberían ser— antes que tratar de solucionarla.

Ningún problema se puede resolver desde dentro del conflicto, como dijo Einstein. Es muy difícil encontrar respuestas porque las emociones lo impiden. Los científicos buscan la solución en otro nivel de pensamiento, donde el problema se resuelve. A veces, incluso, en ese nuevo nivel de pensamiento el problema ni siquiera existe.

La primera regla para solucionar un problema es cuestionar lo que sabemos acerca del mismo, porque cualquier presuposición puede ser «parte del problema». Se trata, pues, de cambiar la forma en que concebimos el problema. Romper el patrón del problema es probar algo nuevo en la misma situación, y para ello basta un pequeño cambio para dejar de andar por el camino de siempre y encontrar uno distinto. Incluso la solución podría estar en ¡dejar de tratar de solucionarlo! ¡O en tratar de empeorarlo! Parece un sinsentido, pero lo que no conduce a nada es probar siempre lo mismo.

Ley n.º 1 para la solución de problemas: en medio de un problema, lo primero es impedir que se haga más grande.

Prueba a «ser nuevo» ante la situación que denominas «problema». Como si desconocieras totalmente su naturaleza y nadie nos hubiese dicho lo que representa. Busca la solución no tanto en lo que ocurre, sino en lo que piensas que ocurre. Al no asumir que ya sabemos lo que está pasando, si es bueno o malo, nos abrimos a otras formas de contemplar la situación. La mejor forma de cambiar la percepción de un problema es cambiar el foco dentro de la situación. Solo los juicios acerca de un problema hacen que este sea difícil de resolver. Si una persona se siente diferente ante el problema, hará cosas diferentes.

No es posible escapar de los conflictos, a menos que se examinen y se cuestione el sistema de pensamiento que los mantiene activos. De no hacerlo así, estaremos protegiéndolos y manteniéndolos sin solución.

Otro camino hacia la salida del laberinto de los problemas es dejar a un lado lo que Freud llamó «resistencia». Hay una parte inconsciente en nosotros que se identifica con sus vivencias, aunque estas sean dolorosas. Y el gran psicólogo se dio cuenta de que, a pesar de su trabajo, sus pacientes no mejoraban. Al deseo oculto de no mejorar de sus pacientes lo llamó «resistencia».

Todo problema contiene la semilla de la solución, y esta se halla en el problema mismo. El modo de resolver los problemas es simplificarlos y trabajar con ellos por partes. Podría decirse que es como desactivar una bomba. Cuando se encuentra el detonador y se desarma, el problema está resuelto. Por ejemplo, el detonador de un problema puede ser: cierta mentalidad, una creencia, un comportamiento, el miedo, la confusión, la ignorancia… la lista es inacabable pero lo que importa aquí es saber que cuando lo encuentras y lo desactivas el problema se resuelve.

EN POCAS PALABRAS: Los problemas no existen, solo hay mentes que creen en ellos. En realidad, solo podemos hacer cambios en nuestra forma de pensar porque a nuestro alrededor no hay nada en absoluto que resolver. Los problemas están en nuestra cabeza, en el exterior solo hay hechos.

LA TAREA DE ESTA LECTURA: Para resolver tus problemas tienes que asumir que todo problema contiene su solución, simplificar el problema, desarmarlo en partes y anular el detonador. Sin detonador no hay detonación. Busca en ti todos los detonadores de tus conflictos y desármalos.

Y UNA PREGUNTA PARA RESPONDER: ¿Cómo puedo descomponer este gran problema en pequeñas partes para trabajar en ellas?

Más tiempo para conseguir más

Es necesario gestionar nuestro tiempo de forma óptima para cumplir nuestros retos personales, lograr los objetivos que nos hemos propuesto y alcanzar nuestro bienestar y felicidad. Es fácil decirlo, pero difícil hacerlo.

Con el inicio del nuevo año, muchas personas se proponen modificar sus hábitos: dejar el tabaco, acudir al gimnasio con mayor frecuencia, aprender un idioma, comenzar un nuevo cursillo o una nueva carrera. Sin embargo, pasadas unas semanas se abandonan estos sueños con la excusa de no tener tiempo (¿sabías que el tiempo no es más que un instrumento que podemos modelar?).

Con frecuencia estamos habituados a cumplir plazos y objetivos en nuestro trabajo, pero olvidamos que en nuestra vida privada también podemos establecer estrategias para conseguir nuestros sueños. La palabra clave es: es-tra-te-gias.

Propongo seis estrategias básicas para gestionar adecuadamente el tiempo:

1. Establecer prioridades. Este es el requisito previo que debemos tener en cuenta a la hora de afrontar una gestión eficaz del tiempo. Si no sabemos qué es lo prioritario en nuestras vidas, perderemos nuestra energía y fuerzas en tareas superfluas e insustanciales que nada nos aportan. Si queremos aprender inglés, debemos tener claro que hay que acudir a la academia de forma constante y periódica, y dedicar en casa el tiempo necesario para realizar los ejercicios escritos y de conversación que sean necesarios. De idéntico modo, si nuestro propósito es ir al gimnasio, deberemos asumir que ese tiempo va a ser respetado y que no dejaremos de ir con la excusa de realizar otras tareas que, en realidad, no son tan prioritarias.

2. Evitar perder el tiempo con actividades triviales. El mayor enemigo en la gestión del tiempo es perderlo sin saber cómo. En muchas ocasiones utilizamos un tiempo excesivo para tareas banales que pueden realizarse de forma más rápida, como las tareas diarias de la casa. En otros casos, nos dejamos llevar viendo un programa de televisión que ni siquiera nos interesa o navegando en internet sin un objetivo claro, con el derroche de horas que esto implica.

3. Marcar objetivos realistas. Hemos de ser conscientes de que todo objetivo requiere un esfuerzo y tiempo. No podemos hablar perfectamente inglés en un mes, ni adelgazar 20 kilos en siete días, ni dejar de fumar en tres días. Una estrategia realista es marcarse pequeñas metas, por ejemplo adelgazar medio kilo en una semana, fumar tres cigarrillos menos, etc. De este modo, podremos ver nuestras pequeñas metas cumplidas y ello supondrá un aliciente para afrontar otro pequeño reto, hasta que la suma de metas dé como resultado el objetivo final.

4. Cumplir una tarea en un lapso de tiempo. La gestión eficaz del tiempo requiere que abordemos la tarea con disciplina, pues de lo contrario los esfuerzos iniciales se pierden y no se consigue el objetivo. Ciertos estudios científicos afirman que los cinco primeros minutos en que emprendemos una tarea son los más difíciles para mantener la concentración, de modo que si logramos superar ese breve período, realizaremos la tarea con rapidez.

5. Planificar adecuadamente las actividades. Planificar las actividades que vas a realizar es una manera eficaz de asegurarte de que las harás. Una técnica muy útil para ello es escribir antes de acostarte lo que pretendes hacer al día siguiente, así tendrás una idea

completa de lo que ello representa, a la vez que tu cerebro se pondrá en marcha para hacerlo realidad.

6. Premiarte por las metas conseguidas. Premiarte con algo que te guste por las metas alcanzadas es una buena estrategia, ya que permite motivarte mientras realizas la tarea.

EN POCAS PALABRAS: El tiempo es elástico y a cada persona le cunde de modo diferente. Todos disponemos de 24 horas al día, sin embargo, cada persona consigue cosas diferentes porque hacemos usos diferentes del mismo tiempo. No necesitas más tiempo sino menos distracciones y más foco, como si fueses un rayo láser.

LA TAREA DE ESTA LECTURA: Coloca a tu lado un reloj y márcate el reto de cumplir durante cinco minutos la actividad que hayas programado. Si logras mantenerte realizando una actividad de forma ininterrumpida en esos cinco minutos, comprobarás que tu concentración ha aumentado tanto que te resultará sencillo terminar la tarea.

Y UNA PREGUNTA PARA RESPONDER: ¿Me falta tiempo o me sobran distracciones?

Transfórmate: la acción interior

La palabra «transformación» significa «más allá de la forma», o dicho de otra manera: el cambio sucede más allá de la forma, y al final del proceso de cambio —que se produce siempre en nuestro interior— se manifiesta en el mundo de la forma.

He leído muchos libros acerca de cómo crear los propios deseos. Algunos eran muy formales y adecuados para el contexto de las empresas y la gestión de proyectos. Otros, bastante cercanos a la metodología del coaching. Y otros muchos, algo más místicos y basados en propuestas de corte espiritual. Es a estos últimos a los que me referiré.

En todas mis lecturas, siempre he encontrado un lugar común: es imprescindible cambiar la percepción de uno mismo y de sus posibilidades o limitaciones para poder conseguir los deseos anhelados.

Lo que trato de expresar es que el hecho de no tener una visión elevada de uno mismo supone un serio reto a la hora de manifestar los deseos en cualquier ámbito de la vida.

Por tanto, todo se reduce a dar protagonismo al superyó y dejar de lado el yo inferior o ego, que solo se centra en buscar las soluciones allí donde no están (en el ámbito material) a fin de perpetuar el conflicto que tanto le agrada. Sin este requisito previo (dar voz al yo interior) se entra en un círculo vicioso: dar vueltas y vueltas en torno a las mismas dificultades y transitar el camino más largo y penoso en pos de una vida más realizada.

Pienso que para cambiar la realidad, antes han de cambiar los pensamientos que sostienen esa realidad. Pero para poder cambiar los pensamientos hay que contemplarse a uno mismo con otra mirada, y es ahí donde está el quid de la cuestión porque no es sencillo ponerlo en práctica (incluso comprenderlo).

Para sostener una visión más elevada del yo, hay que dejar atrás otra que, a pesar de ser más limitada, es conocida por lo que llamamos: personalidad, identidad, carácter... Aferrarse a ese yo construido supone una gran limitación para descubrir el verdadero potencial.

¿Qué identidad es real y cuál es no real? Real es la que nunca cambia, y el resto (lo que cambia con el paso del tiempo) es una irrealidad transitoria. Si la persona que creemos que somos ha cambiado con el paso del tiempo, es que no somos esa persona.

Me temo que nos pasamos la vida forjando una identidad irreal. ¿Por qué? Porque al desconocer la identidad esencial nos vemos impulsados a inventar un yo. Y luego nos pasamos el resto de la vida tratando de insuflarle una realidad que no tiene.

Naturalmente, te das cuenta de que solo aquellas personas que dedican tiempo al autoconocimiento encuentran una identidad sólida a la que asirse: un yo que está más allá de la forma. ¿Cuántas personas pueden percibirse como un ser carente de limitaciones, invulnerable, infinito y todopoderoso? No demasiadas, porque la mayoría se empequeñece.

Los problemas de autoestima son las señales de ese empequeñecimiento, efecto del autodesconocimiento esencial de la persona. Y después de tratar de cambiarlo todo sin éxito (excepto la percepción de uno mismo), acaban por concluir que no hay nada que cambiar, sino revelar (revelarse a sí mismo).

EN POCAS PALABRAS: Tu autoconcepto actual es lo que te ha conducido hasta el momento presente y a todo lo que has logrado. Si quieres pasar al siguiente nivel, y disfrutar de una vida más plena, deberás prescindir de esa identidad elaborada o construida y dejar aflorar tu identidad esencial. Deberás reorganizar tu concepto de quién eres. Para encontrar la respuesta, confía en tu sabiduría esencial.

LA TAREA DE ESTA LECTURA: Redefine tu identidad y sustitúyela por un concepto más expandido, infinito y completo. No añadas más definiciones de ti mismo, más bien deja caer todas las calificaciones con las que te has referido a ti anteriormente. Deja de poner etiquetas a las cosas. La ausencia de etiquetas creará un espacio de potencialidad pura, lo cual concuerda plenamente con la persona que eres de verdad. Y entonces todos tus deseos se cumplirán con facilidad.

Y UNA PREGUNTA PARA RESPONDER: ¿Quién soy?

Planea el verdadero éxito

Hay muchas definiciones de la palabra «éxito». Cada persona debería tener la suya. Para mí, éxito es: «Ser la persona que quiero ser y llevar la vida que deseo llevar». Si te gusta, te regalo esta definición para que la hagas tuya. Esta percepción implica vivir desde la coherencia con mis valores y también con un estilo de vida que los refleja. Dicho esto, dejo la puerta abierta para que cada cual defina a su manera la palabra «éxito». Es tu turno.

Tal vez ayuden estas dos listas sobre qué es y qué no es «éxito».

El éxito es:

- Sonreír al final del día.
- Amar sin esperar nada a cambio.
- Mejorar vidas.
- Trabajar desde la pasión.
- Hacerlo todo por devoción y nada por obligación.
- Saber quién eres en realidad.
- Ser feliz y expandir la felicidad.
- Disfrutar del proceso de vivir.
- Servir a los demás.
- Dejar un legado.

El éxito no es:

- Popularidad, reconocimiento y fama.
- Seguir los patrones de otros.
- Vivir en lo superficial y banal.
- Buscar la aprobación y el amor de los demás.
- Ganar a costa de algo o de alguien.
- Trabajar hasta el agotamiento.
- El lujo, el dinero o los bienes materiales.
- Hacerse un lugar en la Historia.

- Un logro ocasional.
- Servirse a sí mismo.

Seguramente se te ocurrirán más argumentos para ambas listas: adelante, es tu definición de «éxito» lo que cuenta. Cuanto más la afines, menos errarás en el camino.

El verdadero éxito es duradero y no tiene efectos secundarios. El éxito que implica ganar algo a costa de perder otra cosa, no es éxito verdadero, es un éxito falso y engañoso. A veces, una persona perjudica su salud o su vida familiar para conseguir éxito en su profesión. Esto es un fracaso. El éxito de verdad es todo a la vez y de forma continua en el tiempo. No es un éxito puntual y efímero; y tampoco es a costa de otra cosa. Ampliaré este importante punto en otro apartado de este libro.

El verdadero éxito no se obtiene a costa del éxito de otras personas. Porque, de lo contrario, ¿quién querría tener éxito? En la vida, para que tú ganes no es necesario que otro pierda. El éxito a costa de otra persona solo ocurre en entornos competitivos —fantasiosos— como el deporte o el capitalismo convencional, donde solo uno puede ganar la competición. ¡Qué irreal es ese contexto! El éxito verdadero solamente es posible cuando otros consiguen también el éxito. Recuerda, tú éxito en la vida solo será posible si ayudas a otras personas a conseguir también éxito.

El verdadero éxito es un proceso, por ello es más importante el viaje que el premio. En realidad, el resultado es una excusa para pasar por el proceso que conduce hasta lograrlo. El proceso es el regalo oculto. El proceso transforma y deja una huella indeleble para siempre en la persona que lo ha vivido.

El verdadero éxito es duradero cuando se identifican las causas que lo crean y se sigue activándolas una y otra vez. Muchas veces, las personas, cuando consiguen algo bueno en su vida, olvidan seguir haciendo lo que hicieron para lograrlo; y entonces el éxito se agota porque las causas dejan de activarse. La gente y las empresas son autocomplacientes, dejan de ser tal como eran cuando consiguen algo notable, y los resultados obtenidos acaban esfumándose. El éxito verdadero es fruto de reinvertir siempre en las causas. Por ejemplo, las empresas exitosas que no se reinventen están condenadas al ostracismo.

EN POCAS PALABRAS: La Real Academia de la Lengua Española define «éxito» como «Resultado feliz de una actuación», y hay que tomar la palabra «feliz» como la clave del éxito: aquello que te haga feliz a ti y a los demás es un éxito, al margen de los resultados mensurables conseguidos. Y, por el contrario, el resultado que se consigue, a costa de la propia felicidad, o de la ajena, no puede ser un éxito. Es un fracaso, al margen de los resultados conseguidos. Se ha demostrado que la felicidad proporciona éxito (y no a la inversa, como tantas personas creen).

LA TAREA DE ESTA LECTURA: Amígate con la palabra «éxito», inclúyela en tu vocabulario, úsala a menudo... Su energía impregnará tu vida. Es una palabra hermosa, evita malinterpretarla con prejuicios supersticiosos (la gente ignorante que rechaza el concepto de «éxito», en realidad se niega a sí misma su experimentación). El éxito se calibra con la paz interior conseguida: ¿quién no desea alcanzarla? Planea el éxito verdadero, no el falso, y establece qué es causa verdadera y qué es causa falsa. Y actívala sin pausa.

Y UNA PREGUNTA PARA RESPONDER: ¿De seguir así, podré decir en mi último día que mi vida ha sido un éxito?

No tengas éxitos sin éxito

Hay una clase de «éxito» que, en realidad, no lo es. Se obtiene a costa de muchas cosas, con lo cual no es un éxito real sino un fracaso. ¿Para ganar hay que perder? No, así de sencillo.

Hay una enorme diferencia entre obtener éxito con éxito y éxito sin éxito. El segundo supuesto se adecúa a estos hechos:

- Hay personas que pierden la salud por conseguir un resultado.
- Hay quienes pierden la vida por dinero.
- Hay personas que olvidan a sus seres queridos por el trabajo.
- Hay quien se olvida de sí mismo por el éxito.

Esas personas tienen «éxitos» pero no tienen «Éxito» (con mayúsculas).

El precio que pagan es muy alto y no compensa en realidad, es una estafa autoinfligida. Y aunque sea sorprendente, cada día hay más y más personas que eligen el autoengaño y terminan perdiendo, más que ganando. Por eso el éxito tiene tan mala prensa, pero hay que aclarar que se trata del falso éxito (el éxito con efectos secundarios) y no del éxito verdadero (sin secuelas).

El éxito verdadero se alcanza cuando lo tenemos todo, sin contrapartidas dolorosas. Sin trucos, y sin nadie a quien sacar ventaja. Es mucho más sencillo que todo eso, el secreto del éxito verdadero es un estado de conciencia del cual emana el poder de todos los deseos cumplidos. Es fácil decirlo, pero es difícil no solo de conseguirlo sino de entenderlo.

Un estado de conciencia es como una filosofía de vida. Hay muchos estados de conciencia, infinitos, y en sus niveles más elevados la coherencia es una cualidad: no se acepta nada que no concuerde con los valores más prioritarios.

Adicionalmente, la idea de sacrificio debe dejar de tener sentido: todo a costa de nada, todo por convencimiento y devoción. Esta es la acepción consciente del éxito: todo a la vez y a costa de nada. Cuando digo «todo» me refiero a aspectos tan concretos como: salud, familia, relaciones, tiempo, trabajo, dinero, autodesarrollo… Todo se ve favorecido sin que ninguna de esas facetas sufra a costa de otra. Cuando vives en el estado de conciencia de éxito verdadero, manifiestas tus deseos fácilmente.

Y si en algún momento sacrificas alguno de tus valores priorita-rios en pos del éxito, estás creando falso éxito. Y entonces pasas a pertenecer a tus objetivos (ya no tienes objetivos, ¡tus objetivos te tienen a ti!), por lo que pagarás un precio.

Es lo que llamo tener «éxito» sin «Éxito» (o éxito falso); es decir, la acepción clásica de «éxito» y la que utiliza todo el mundo: obtener algo a costa de algo (o de alguien).

Ese es un juego en el que pierdes tarde o temprano.

EN POCAS PALABRAS: Los humanos estamos diseñados para tener éxito verdadero. No conseguirlo es una anomalía. El hecho de que tantas personas no se consideren exitosas en la vida no se debe a la mala suerte o la injus-ticia, sino al desconocimiento del yo esencial o consciente que es capaz de movilizar todos los recursos para alcanzar la vida que deseas sin dificultad.

LA TAREA DE ESTA LECTURA: Siéntate en un lugar tranquilo y conecta con tu conciencia, tu yo esencial sabe cómo guiarte hacia el éxito verdadero. Repite hasta sentirlo como una verdad: «Yo Soy la fuente de toda abundan-cia». A la espera de su guía, confía en que todo es posible para tu superyó o yo real.

Y UNA PREGUNTA PARA RESPONDER: ¿Hay algún motivo por el que, para obtener lo que deseo, deba renunciar a otro aspecto de mi vida?

Revela tu líder interior

Existen ideas diferentes acerca de la palabra «liderar», pero aplicada al supercoaching significa: inspirar, servir, mover, ayudar, liberar po-sibilidades, co-crear nuevas realidades, nutrir, guiar, dar testimonio y ejemplo... Para mí, no es: mandar, ordenar, manipular, explotar, di-rigir, dar instrucciones, engañar o aprovecharse o servirse de...

El liderazgo generativo se ejerce desde la posición de no considerarse víctima de las circunstancias, sino a partir de la creación de las mismas. En ese sentido, no se trata de actuar sobre la situación… ¡sino de cambiar uno mismo ante la situación! El líder interior no necesita un cambio de circunstancias sino un cambio de conciencia. Es el liderazgo el que crea nuevas realidades a partir del cambio personal y genera «milagros predecibles». En este sentido el líder interior es coherente y está alineado —es coherente— con su visión. Desde un nivel de consciencia elevado, el líder genera «milagros predecibles», es decir: resultados extraordinarios inevitables.

La palabra «liderazgo» se ha usado para referirse, en realidad, a falsos líderes y a mediocres liderazgos. Es uno de los temas más tratados, y peor explicados, del management. De hecho, hay infinidad de libros sobre liderazgo, y cursos en empresas, que no aportan nada creíble sobre el liderazgo desde el corazón. Se trata tan solo de teorías, buenas intenciones de gente que no es líder de sí misma pero pretende liderar a otras personas, cuando en verdad solo están interesados en servir sus propios intereses. En definitiva: bla, bla, bla…

Si todos los directivos (y políticos) fueran líderes, la humanidad sería irreconocible. Pero no es el caso.

Los problemas de los falsos líderes provienen de:

- Falta de autoconocimiento del yo esencial, yo real o yo espiritual.
- Falta de conocimiento de la realidad esencial, del mundo y las leyes eternas.
- Falta de poder interior (y exceso de fuerza).
- Falta de amor (y exceso de temor).
- Falta de coherencia entre lo que se dice y lo que se hace.
- Falta de honestidad en los fines.
- Falta de un ejemplo personal motivador.

Necesitamos urgentemente una escuela de liderazgo consciente, desde el alma, no desde el intelecto. No hacen falta más jefecillos, sino sabios. El liderazgo se desarrolla a través del autoconocimiento, la autoconciencia, y el desarrollo personal y espiritual. Un programa de liderazgo debe estar basado en el amor y no en el temor. Y no enseñar viejos trucos para motivar, sino el «ABC» de la inteligencia emocional y, de propina, de la inteligencia espiritual (sin la cual el supuesto líder es apenas un directivo).

No necesitamos cargo para ser líderes, podemos ser líderes sin cargo. Todos podemos ser líderes a diferentes niveles y en diferentes ámbitos: líderes de nuestra propia vida, de nuestros hijos, de nuestro negocio, de nuestra comunidad, de opinión, etc. No son los estudios, no es el cargo ni la tarjeta, no es la autoridad… sino el poder personal que emana de un ser consciente.

El líder consciente, o desde el alma, es por sí mismo el cambio que quiere crear en el mundo. Su visión es un reflejo de sí mismo. No dice, no hace, no piensa nada que él mismo no sea ya. No teoriza sobre lo que tendríamos que ser, pues él ya lo es. Su ejemplo y testimonio convencen porque vive en la coherencia entre lo que dice, hace y piensa. El líder ya es el cambio que quiere inspirar en el mundo, y en eso radica su credibilidad. Sabe que el mundo es de plastilina y que es moldeable. Sabe que la vida es el subproducto de lo que somos.

Y entonces las personas se ven atraídas por la presencia del auténtico líder, por su ejemplo, y no por su autoridad o cargo.

El valor más importante en el liderazgo es servir. Servir a los demás. No servirse a sí mismo o a los propios intereses. Liderar es básicamente servir a los demás. Aquel que solo se sirve a sí mismo no es un líder.

EN POCAS PALABRAS: El líder de sí mismo persigue el cambio de conciencia para crear un cambio de circunstancias, ya que estas son el subproducto o consecuencia de un determinado nivel de conciencia. En definitiva, no crea resultados en el mundo (no hace nada), sino estados de conciencia en las personas (simplemente «es») que los materializan.

LA TAREA DE ESTA LECTURA: Identifica en tu vida cuándo has ejercido la fuerza pero no el poder interior (con tus hijos, con tu pareja, con tus familiares y compañeros...). Trata de imaginar cómo serían tus relaciones si ejercieras una presencia inspiradora entre aquellos con quienes te relacionas.

Y UNA PREGUNTA PARA RESPONDER: ¿Cómo sería mi vida si la liderase?

El mejor plan del mundo para ti

Si algún lector espera un esquema paso a paso para crear un plan infalible, probablemente se sentirá decepcionado porque es imposible hacer tal cosa. Siento decir que no tengo ninguno a mano. Pero que no tenga un esquema para elaborar un plan infalible no significa que no disponga del mejor plan del mundo.

No existe un plan perfecto, dentro del gran plan de las cosas, porque ni el mundo ni las personas lo son.

En realidad, no hay un plan para hacer planes porque entonces pasaríamos a hacer planes para hacer planes, para hacer planes... en un bucle sin fin, donde nos quedaríamos perdidos para siempre. Si el plan es tener un plan, nos quedamos en la planificación sin pasar a la acción. Dwight D. Eisenhower, presidente de Estados Unidos, lo resumió así: «Los planes son inservibles, pero planificar es imprescindible». ¿Se comprende?

Así que no vale la pena tratar de perfeccionar el plan para poder pasar a la acción. Pero necesitamos una mínima hoja de ruta viable para concretar. Creo que es interesante establecer un plan y afirmar: «tengo un plan»; porque esa certeza nos infunde confianza en nosotros mismos (no sabemos si es bueno o malo pero nos basta con tener un plan). Y por eso el mejor plan del mundo es el que tienes. Para empezar.

El mejor plan es el que te lleva a empezar; no es necesario saber cómo continuar.

Por tanto, un plan es un punto de partida. Y probablemente el plan cambiará. Por eso las herramientas más importantes en la planificación son la goma y el martillo, para borrar los planos y para derribar lo construido, respectivamente. Por mi parte, ya no escribo en papel mis objetivos para no tener que borrar después, ahora dibujo mapas mentales digitales en una tablet porque puedo realizar cambios de forma inmediata.

Por ejemplo, la nueva tendencia de planificación en la empresa es el *business model canvas*, o modelo de negocio... ¡de una única página! Ya no se estila un «plan de negocio» minucioso (como un catálogo de ferretería, con diámetros y grosores, en un dossier que aburre hasta la muerte con solo mirarlo). Los emprendedores van a lo práctico y trabajan con una página, abierta a revisión. Te invito a hacer lo mismo en los planes que traces en tu vida, o de lo contrario cuando acabes de establecerlos el mundo habrá cambiado, y tú también, y de poco te servirán.

Si ya tienes escrito tu plan, te propongo leer las tres primeras líneas y borrar el resto. Si esas tres líneas no te inspiran, si no suponen un reto y una revolución personal, o una declaración vital que consiga emocionarte... es que no es un buen plan de vida. Tíralo.

El mundo está lleno de mapas de tesoros nunca encontrados: es decir, de planes y sueños olvidados. De buenas ideas nunca realizadas. Ya lo sabemos, en el mundo hay quien hace planes y quien pasa a la acción. Mientras unos dicen que es imposible, otros están ocupados haciéndolo realidad. ¿Con qué grupo te identificas?

EN POCAS PALABRAS: El mejor plan del mundo es el que queda incompleto porque se siente la imperiosa necesidad de empezar a actuar. Donde veas una silla vacía, un plan a medio escribir, y un lápiz caído al suelo... tienes un ejemplo del mejor plan del mundo.

LA TAREA DE ESTA LECTURA: Traza un plan «A» y un «plan B», y luego, con la certeza de tener el mejor plan del mundo, empieza (y siéntete libre de cambiarlo sobre la marcha). Y el resto ya se verá.

Y UNA PREGUNTA PARA RESPONDER: ¿Qué acciones me llevarán de mi estado actual a mi estado deseado?

CAJA 3

Estrategias para poner el plan de acción en práctica

Consigue grandes logros con pequeños pasos

Para conseguir grandes resultados en la vida y en los negocios no es preciso llevar a cabo grandes acciones, sino pequeñas acciones repetidamente a lo largo del tiempo. El éxito es el efecto acumulado de hábitos insignificantes. Y la clave está en repetir un comportamiento positivo durante el tiempo suficiente como para que marque una diferencia significativa a medio y largo plazo. Es el poder de las «pequeñeces acumuladas».

Ganar es el resultado de una suma de hábitos, y perder también lo es. Es algo que saben muy bien los deportistas. Por ejemplo, Michael Phelps es un brillante ejemplo del «poder multiplicativo del hábito». Sus rutinas de entrenamiento son muy estrictas, previsibles, sistemáticas. Es obvio que su anatomía estaba diseñada para ganar, pero su enorme éxito es fruto de sus hábitos.

Crea un hábito y este creará un futuro.

A menudo, para implementar un hábito, las personas recurren a la sobrevalorada «fuerza de voluntad». Es un grave error. Están luchando consigo mismas, y a la larga abandonarán porque la lucha siempre desgasta. Es como estar en medio del fuego cruzado de una guerra de valores. Visto así, no es de extrañar que tengan que usar la fuerza… de voluntad.

¿Cuál es la alternativa? La automotivación o motivación endógena: la pasión, en definitiva. Implantar un hábito nuevo solo tiene futuro cuando encaja con los valores principales de la persona. El poder de la motivación disuelve las luchas internas y proporciona combustible mental para pasar a la acción. La alternativa son los hábitos automáticos para el éxito sin esfuerzo.

Por suerte, todo lo que se aprende en la vida puede reaprenderse. Los hábitos no son una excepción a esta regla. Los hábitos pueden cambiarse: todos. Y el mejor modo de terminar con un viejo hábito negativo es empezar uno nuevo y positivo que lo sustituya. Una vez más, luchar con un viejo hábito es agotador, por lo que resulta mucho más eficaz implantar uno nuevo que lo sustituya, y que esté propulsado por la fuerza imbatible de la motivación.

No hay una mejor estrategia para conseguir lo que se desea en la vida que crear hábitos positivos que conduzcan a ello, y después delegar esfuerzos en el poder del hábito, seguir el tiempo y fluir con él, una vez activado el impulso que rompe la inercia. Delega tu éxito a unos pocos hábitos para conseguir más con menos esfuerzo.

Casi siempre que se toma una decisión, las personas empiezan con mucha energía y empeño pero acaban abandonando. Ese exceso inicial de empeño es, en realidad, contraproducente porque semejante nivel de energía no se puede mantener por mucho tiempo. Querer realizarlo todo cuanto antes es hacer méritos para el abandono. Es mejor empezar con menos fuerza, crear un movimiento perpetuo hasta que el tiempo acabe el plan. El éxito proviene de dosificar las fuerzas y mantener el ritmo, y de la regularidad. Es así como se ganan las carreras y como los equipos consiguen ganar torneos: con el «factor regularidad».

La disciplina es esa regularidad, constancia, cadencia o ritmo. No es necesario hacer mucho de un golpe pero sí hacer algo cada día. Por ejemplo, al empezar una dieta es mejor aplicarse a unas normas razonables y no saltárselas ni un día, antes que pasar hambre los tres primeros días. Los atletas saben muy bien que las medallas se consiguen dosificando esfuerzos. Es el poder de los pequeños pasos sostenidos que conducen a resultados extraordinarios.

De nada sirve tener una arrancada de caballo y después una parada de burro. Los arrebatos no conducen a nada, pero la constancia conduce a todas partes.

Todas las personas tienen sueños pero no todas los consiguen. ¿Es cuestión de mérito, genes, inteligencia o suerte? No, más bien se debe al poder de la disciplina; es decir, de la rutina. Una rutina es una acción que se repite cada día, cada semana o cada mes. Está implícita en la agenda y ni siquiera hay que apuntarla, se da por hecha. Es como cepillarse los dientes, se hace automáticamente después de cada comida, sin que haga falta anotarlo.

Cuando se pone en marcha un objetivo, lo primero que conviene hacer es preguntarse qué rutinas conducirán al objetivo. Y si somos sistemáticos en dar pequeños pasos diarios, el éxito está asegurado. No importa lo lejos que se vaya, con unos pasos al día, tarde o temprano se llega a donde sea que uno se dirige.

EN POCAS PALABRAS: Las decisiones menores son lo que modela nuestras vidas, pero al ser menores pasan desapercibidas y se desprecia su efecto acumulado en el tiempo. Si te desvías de tu objetivo nada más que dos milímetros al día, aunque parezca poco, en diez años te conduce a una vida completamente diferente a la que habías planeado.

LA TAREA DE ESTA LECTURA: Escribe una lista de tres comportamientos relevantes en los que no has sido bastante constante, y piensa cómo sería tu vida si fueras más regular en ello.

Y UNA PREGUNTA PARA RESPONDER: ¿Qué tres acciones sencillas y sostenidas me llevarían a mis objetivos?

---

3 reglas no reveladas para tomar buenas decisiones

Quizá pienses que entro en un terreno un tanto místico. Lo que expondré no es nuevo. Puedes llamarlo «pasos» o «reglas». Cuando consideres que se trata de reglas significará que son ideas teóricas con las cuales te sientes hasta cierto punto identificado a nivel mental, pero sin una experiencia previa. Cuando los llames pasos, será señal de que los has practicado y convertido en hábitos.

Tal vez creas que tomas decisiones solamente de vez en cuando (casarte, comprar un piso, tener un hijo, hacer un viaje…) pero en realidad estás tomando decisiones a cada minuto. La suma de todas tus decisiones anteriores es este día de hoy, tu situación actual y tus circunstancias presentes.

Tu día de hoy no ocurrió al azar, porque todo sigue la ley de causa y efecto.

El problema al tomar decisiones es que primero decides qué tienes que hacer, y después buscas justificaciones a esa decisión. Pero vamos a revertir este proceso para decidir correctamente.

Primero vamos a preguntar qué es lo que sientes en tu más recóndito interior que debes hacer, después puedes buscar justificaciones para tomar esa elección (aunque en realidad no son necesarias ya que elegiste lo que sientes), y finalmente decides y actúas sin cuestionarlo, sin mirar atrás, sin preguntarte si has tomado la decisión correcta, sin dudas.

La primera regla: «Hoy no tomaré ninguna decisión que *tenga* que tomar sino que *sienta* que quiero tomar».

Pregúntate: ¿qué clase de día querrías para hoy? ¿Cómo quieres sentirte? ¿Qué deseas experimentar? Y cuando tengas las respuestas, afirma en silencio: «Si no tomo las decisiones que tengo que tomar, sino las que siento que quiero tomar… esta es la clase de día que tendré».

Por desgracia, muchas decisiones desafortunadas son decisiones tomadas sin preguntarse: ¿cómo me sentiré cuando haya tomado esta decisión?

Segunda regla: «Antes de decidir, estoy dispuesto a ver esto de otra manera».

Pregúntate: «¿Es esta la única manera de ver esto?». Somete tu decisión a esta pregunta de confirmación o validación antes de actuar. A menudo, verás opciones que antes no veías; y si no ves ninguna alternativa, es que no estás mirando la situación correctamente. Recurso infalible: desea ver de otra manera. Con desear ver diferente es suficiente para que adoptes nuevas perspectivas. Pero es preciso que estés dispuesto de verdad a ver de otra manera, porque, además, ¿qué puedes perder con ello?

Tercera regla: «Como nadie puede decidir por su cuenta, hoy no tomaré decisiones por mi cuenta».

Pregúntate: «¿Desde dónde decido: desde el alma o desde el ego?». La razón de esta tercera regla se debe a que nunca decidimos solos, decidimos influenciados por el temor o el amor, por eso nunca estás solo ante tu decisión: o bien te acompaña el amor o bien te acompaña el temor, y en función de uno de ellos decidirás.

Cada minuto de tu vida eliges amar o eliges temer. No tienes otra alternativa.

Si no tomas ninguna decisión por tu cuenta, y eliges el amor, esta es la clase de día, de experiencia y emoción que tendrás. Lo que elegiste un instante antes de decidir, es lo que obtendrás. Recuerda que en realidad nadie decide nada por su cuenta: el amor o el temor lo hacen por nosotros.

Y no quisiera acabar sin una revelación cuántica que tal vez pueda sonar inquietante, pero creo que la mayoría se alegrará de saber que: «tus decisiones son tanto para ti como para el mundo». Si ser responsable de tu vida te intimida, aguarda a saber que en realidad eres responsable de todas las decisiones que se toman en el mundo. Pero ese es otro tema… Ya advertí de que quizá podría parecer un poco místico (espero que no haya sido demasiado).

EN POCAS PALABRAS: Lo que elijas experimentar es lo que experimentarás. Cuando estés dispuesto a ver, de verdad, ten por seguro que verás opciones que antes no veías. Y nunca te engañes con que tienes que hacer algo: lo único que tienes que hacer es lo que sientes que quieres hacer.

LA TAREA DE ESTA LECTURA: En tu próxima decisión, evalúa tus emociones en base a las cuales tomas tu elección. Pregúntate qué te guía: el amor o el temor. Tu sistema emocional es tu sistema GPS o de guía para navegar en la vida. Si quieres perderte menos, consulta siempre tu corazón, es tu brújula.

Y UNA PREGUNTA PARA RESPONDER: ¿Desde dónde tomo esta decisión: desde el amor o desde el temor?

Marca el ritmo de los acontecimientos

Estás leyendo un libro que te conducirá a realizar muchos cambios en tu vida. Pero cuando arranques tu plan de acción no inviertas un exceso de energía, tiempo y medios. ¿Por qué? Porque no es necesario y porque puede ser incluso contraproducente. Demasiado ímpetu al principio agota a cualquiera y provoca abandonos prematuros. Esto siempre sucede así.

Cuando era un muchacho, jugué un partido de fútbol en que puse todas mis energías en los primeros diez minutos. Recuerdo cómo me miraban asombrados los jugadores contrarios, parecía que me había dopado. Se preguntarían qué había desayunado. Tuvieron que sustituirme a los veinte minutos: no podía con mi alma. Mi error fue tratar de jugar un partido como si fuera de diez minutos nada más. No me dosifiqué y lo pagué.

No es preciso forzar las cosas para que sucedan antes. Cuanto más se fuerzan los resultados, más tardan en llegar. Y cuando llegan, tal vez crecen por un tiempo pero después tardan poco en decrecer.

Descuida, lo que es tuyo vendrá a ti porque nada puede apartarlo de tu camino. Y lo que no es para ti, se apartará para no ser un estorbo a todo lo bueno que te aguarda.

Los cambios que tú deseas requieren constancia y ritmo, más que un derroche de energía insostenible. Comparo los objetivos con una maratón, no con los cien metros lisos. Hay que repartir las fuerzas disponibles en el proceso y no dilapidarlas al principio, o no se concluirá.

Cuando alguien compromete demasiado de sí mismo al principio, o demasiado poco al final, no acabará lo que ha empezado. Le falta ritmo.

Ritmo, cómo me gusta esta palabra. No me refiero a la samba o al chachachá, sino al flujo natural de las cosas que deben suceder. No es el ego quien ha de marcar el paso, sino la propia maduración natural de los acontecimientos para que no se malogren. Dale el día libre al ego y no dejes que haga horas extra en su insidiosa labor de complicarlo todo.

Te haré una confesión, el libro que lees se escribió de la siguiente manera: una estrategia al día, ni más ni menos. Al final del primer mes ya tenía treinta, y después de dos meses y medio, 75… Terminado. Un mes más para correcciones, y listo. A ese ritmo, estimé que tendría suficiente para cumplir el plazo que me dio el editor para entregarlo, como así fue. Si hubiera querido escribirlo en un mes, habría fracasado. Si hubiese esperado al último mes, también.

Dar los pasos adecuados es lo primero. Lo segundo es la regularidad.

Mi estrategia, en todo, es ser constante, con ese hábito no necesito ser el mejor. Eso supone una ventaja insalvable para quien no usa el poder del ritmo y se confía en exceso de sus talentos. Mi talento es la disciplina, y con esa estrategia he superado a gente que contaba con una mayor capacidad. Conozco mis limitaciones pero con la disciplina y el ritmo las dinamito.

La regularidad que te da el ritmo hace que el éxito sea predecible (tuitea esta idea, por favor).

Imagino que quieres saber cuál es la razón por la que el ritmo siempre gana al arrebato. Es sencillo, lo primero no consume tanta energía como lo segundo. Es más fácil alcanzar y mantener la velocidad de crucero que despegar día sí y día también. Mantener el ritmo es coser y cantar, pura disciplina, pero los cambios de ritmo (acelerar o frenar) consumen mucha energía cinética.

Las personas con ritmo mantenemos la velocidad de crucero gracias a la fuerza de la inercia, avanzando sin encontrar resistencia. Las personas que despegan y aterrizan cada día, lo gastan todo subiendo y bajando.

El ritmo es todo lo contrario a los arrebatos de actividad o inactividad repentinos. Prefiero llamar a un cliente al día, durante cincuenta días, que a cincuenta clientes en un solo día. Es preferible estudiar treinta lecciones, una al día en un mes, que estudiar las treinta lecciones el último día del mes... Con ritmo te mantienes más fresco, más enfocado, más relajado, y menos afectado por una negativa... y por ello se consiguen mejores resultados.

EN POCAS PALABRAS: Al principio hay un exceso de empeño (línea ascendente), y al final, demasiado poco (línea descendente), pero no es así como se consiguen los objetivos. Prueba a mantener el ritmo (línea horizontal). Para ganar la carrera no importa la velocidad punta sino el ritmo.

LA TAREA DE ESTA LECTURA: Diseña un programa de rutinas basadas en el ritmo y la constancia para conseguir tu objetivo.

Y UNA PREGUNTA PARA RESPONDER: ¿En qué aspectos de mi vida no soy suficientemente constante?

Diseña un entorno minimalista y favorable

La fuerza de voluntad está bien, pero jugárselo todo en ella es una temeridad. No somos superhéroes, somos personas. Todos tenemos altibajos. ¿Qué plan de contingencia tienes para cuando lleguen?

La siguiente estrategia te ayudará a apoyarte en el entorno, en lugar de tener que hacer tú todo el esfuerzo, sobre todo en los momentos difíciles que tarde o temprano llegan. El entorno es la tierra de cultivo en la que creces, si no es nutricia es yerma, y nada bueno crecerá.

Imagina que puedes delegar en un entorno que te refuerce y te nutra, y que puedes «descansar» porque sabes que has construido un equipo o contexto de éxito en el que confiar y del que recibes motivación y energía extras. ¿Es eso posible cuando pretendes un cambio de vida? Por supuesto. Vamos a definir los contextos que te catapultarán hacia tus objetivos sin que tengas que confiar en tu único esfuerzo.

El entorno, los contextos, son muchas cosas:

- Amigos y contactos.
- Familia personal y política.
- Pareja.
- Compañeros y socios.
- Lugar donde vives.
- Lugar donde trabajas.
- Decoración y mobiliario.
- Ideas, formación e información.
- Tecnología.
- País, ciudad, barrio, vecindario.
- Horarios de descanso y cuidados.

La lista es larga y aún podrías hacerla crecer más. Sin embargo, todo lo que he apuntado puede jugar a favor o en contra. Cuanto más esté de tu lado, más posibilidades tendrás. Si algo o alguien te inspira, te ayuda; si te desanima, te perjudica. De modo que vale la pena revisar cada uno de esos entornos y ver cómo contribuye, o no, a que consigas tus objetivos. Es fácil de entender que un lugar en el que no estás a gusto drena energía y desmotiva. Lo mismo ocurre con las personas que te rodean: o te apoyan o no lo hacen. Y no hay que olvidar los entornos invisibles como tu formación, tu información y conocimientos o el ambiente en el que estás inmerso. Son lo más importante a pesar de su invisibilidad; del mismo modo que la utilidad de una vasija se debe al vacío que crea su contorno de barro.

Todo lo anterior puede ser una palanca con la que consigas más con menos esfuerzo, o un lastre que dificulte tu avance.

Cuando en tu entorno hay personas desmotivadas y negativas, su energía pesada te afecta y te contagia. Déjalos a un lado. Enséñales la puerta de salida: «exit» (o no tendrás éxito).

Conozco una receta infalible: relaciónate con gente motivada, con mentalidad ganadora y actitud positiva, que aprende siempre y se esfuerza por conseguir lo que quiere. Cuando te acostumbres a tratar a gente así, creerás firmemente que hacerlo es lo normal y no una excepción. ¡Lo normal es estar motivado!, no estarlo es una anomalía.

Desde luego, hay cosas que podrás cambiar y otras no; pero cuanto más pongas de tu lado, mejor. Recluta aliados, ya sean tangibles o intangibles, ya sean personas o cosas. Y todo lo que puedas simplificar, aligerar, limpiar y automatizar, también te ayudará. Delegar en el entorno significa no hacerse cargo de todo: no querer hacerlo todo por ti mismo.

Lo que hace el entorno es:

- Colaborar.
- Inspirar.
- Nutrir.
- Acompañar.
- Ayudar.

O todo lo contrario: hundirte.

Fíjate en que hay entornos que debilitan (espero que no sea tu caso). Si fuese así, recomiendo un proceso de rediseño de entornos para contar con un ambiente más propicio para los cambios que buscas en tu vida. No puedes desestimar el poder de los entornos, porque sin tenerlos de tu lado podría ser que no consiguieras tus objetivos.

Veamos por qué el viejo adagio Zen que dice «menos es más» confirma una verdad:

- Regala lo que no usas.
- Elimina los «debería».
- Despeja tu vida.
- Despeja tu mesa de trabajo.
- Elimina los escapes de energía.
- Come y duerme menos.
- Di «no» a lo inaceptable.
- Simplifícalo todo.
- Desapégate de (todos) los recuerdos.
- Señala la puerta de salida a los pesados.
- Perdona y olvida.
- Unifica tus cuentas bancarias.
- Reduce tus deudas.
- Libérate de la opinión ajena.
- Haz períodos de ayuno.
- Deshazte de tus supuestos límites.

¿Ves cómo sin todo eso tu vida es mucho más?

EN POCAS PALABRAS: Modo influye en todo. En función de cómo esté tu entorno, estarás tú, y viceversa, porque todo está relacionado. Lo uno es reflejo de lo otro. También puedes trabajar ahí fuera (siempre es más sencillo que en uno mismo) y comprobarás que cuando mueves y cambias contextos, tu vida cambia también.

LA TAREA DE ESTA LECTURA: Visita una librería y hazte con algún libro básico de feng shui, el arte milenario chino de modelar el flujo de energía, o Chi, cambiando el entorno. Te ayudará a entender por qué el contexto es tan importante y cómo modificar tu vida haciendo cambios en el mismo. Es divertido, es rápido y es eficaz. Después, cambia 27 cosas en tu casa y prepárate para lo que vendrá.

Y UNA PREGUNTA PARA RESPONDER: ¿Cuál sería mi entorno perfecto para el éxito total?

Tus contextos materiales poderosos

El feng shui es una ciencia con más de 2.300 años de antigüedad y sigue vigente en muchas partes del mundo para gestionar los espacios de ocio y de negocio.

Los tres principios clave de esta ciencia milenaria sobre el flujo de energía y la colocación de las cosas son:

1. «Todo está vivo». Hasta donde pueden ver tus ojos, todo está dotado de una energía vital que llamaremos Chi, Ki o Prana. Es una energía vital muy sutil y diferente para cada cosa que consideraremos «viva», y esto incluye los objetos inanimados. Sí, incluso las cosas inanimadas también poseen un Chi, aunque más denso y lento. Por esa razón, todo está vivo, y posee un Chi característico y único. No hay excepción. Y su energía, que nos rodea en 360°, o bien transmite armonía o desarmonía. En consecuencia, es conveniente rodearse de cosas (energía) que le hagan sentirse a uno bien.

2. «Todo está relacionado». Todas las cosas que te rodean están relacionadas por la fuerza del Chi, el cual lo vincula todo en una Matrix infinita. Eso incluye tu ciudad y sus habitantes, tu casa y sus muebles, tus amistades y familiares, tus creencias y paradigmas, tus objetos personales… La ciencia y la filosofía oriental del feng shui identifica y gestiona esta correlación directa entre todo lo que existe en el universo. La dimensión interior y exterior, o inmaterial y

material, no solo están conectadas sino que se influyen continuamente. El Chi es el vínculo invisible entre todas las cosas contenidas en el universo.

3. «Todo cambia». El entorno también está vivo, y por ello cambia constantemente. Y su Chi produce cambios. Nada permanece para siempre igual, este cambio es continuo. Es más lento o más rápido, más sutil o más evidente, pero invariablemente todo cambiará, porque todo está vivo. Por ello la influencia de los entornos sobre las personas es cambiante con el tiempo. Los maestros del feng shui dicen que si quieres cambios en tu vida, mueve 27 cosas en tu casa. Dicho de otro modo, si tu entorno cambia, tu vida cambia. Recuerda: todo está relacionado. El universo no es un lugar de «cosas» aisladas sino «inter-relacionadas».

(Si lo que acabas de leer te parece extraño, reconozco que a mí también me parece extraño el Wi-Fi, y te aseguro que aunque no sé cómo funciona, lo uso cada día. Es decir, ¿cómo es posible que viajen las imágenes y vídeos por el aire?)

Por tanto, procura observar en qué lugares y espacios de tu casa y del despacho te sientes mejor. Unos te proporcionan más energía y otros te la restan. Trata de buscar la razón y de corregir las fugas de energía debido a un mal entorno. Si tienes una mascota, fíjate en sus hábitos y sus lugares preferidos.

Cuando comprendes la importancia de los contextos materiales, dedicarás parte de tu tiempo a mejorarlos y a convertirlos en tus aliados. Puede parecer una superstición, pero en Hong Kong no se levanta ningún rascacielos sin el consejo del maestro de feng shui, tan respetado como lo son los planos del arquitecto. En realidad, la auténtica superstición es creer que la dimensión material puede existir al margen de la inmaterial.

EN POCAS PALABRAS: Tu entorno material (ciudad, casa, despacho, cosas...) está vivo y te influye de alguna manera. Pueden ejercer una armonía o desarmonía. Si aprendes a trabajar con ello, podrás empoderar tus entornos materiales para que te nutran y te inspiren para conseguir los cambios que buscas en tu vida. Cambia tu entorno y cambiará tu vida.

LA TAREA DE ESTA LECTURA: Rodéate de cosas que te hagan sentir bien. Busca un domingo para dedicarlo a deshacerte de todas las cosas que guardas pero no necesitas, no usas, o no te gustan como: ropa, zapatos, muebles, objetos, utensilios de cocina, libros y discos, papeles, recuerdos, cuadros y decoración... No hace falta que lo tires todo, puedes vender algunas cosas y regalar otras. Menos cosas es más espacio disponible para que circule mejor Chi en tu vida y llegue lo deseado.

Y UNA PREGUNTA PARA RESPONDER: ¿Lo conservaré si no lo he usado en los últimos doce meses?

Tus contextos personales inspiradores

Las personas que nos rodean: familia, amistades, compañeros de trabajo... crean una gran influencia en cada uno de nosotros. En psicología, este efecto se conoce como la influencia del «grupo de referencia». Es una influencia silenciosa, inconsciente y que se acumula con el paso del tiempo. Y se traduce en una imitación inconsciente de lo que el «grupo de referencia» dice, piensa, hace, siente, come, viste, etc. No es exagerado decir que somos la media de aquellos con quienes pasamos más tiempo.

Si la gente eligiera sus relaciones con el cuidado que elige su compañía de telefonía, otro gallo les cantaría.

Déjame contarte un secreto a voces: una persona es la suma de las influencias personales que ha recibido a lo largo de su vida, y acabará pareciéndose mucho a la gente con quien tiene más trato. La pregunta que deberíamos formularnos es: «¿Quién me está influenciando?». Y después decidir si nos conviene o no esa influencia. Todos estamos influenciados, pero la cuestión es de qué manera. Admiro a Jack

Canfield, quien escribió: «Hay esencialmente dos cosas que te harán sabio: los libros que lees y la gente que conoces». Eso sucederá siempre que selecciones los mejores.

No puedes quedar al margen de esa influencia, pero sí puedes elegir la influencia.

Los estudios sociológicos indican que las personas que forman parte de nuestro círculo social son muy parecidas: tienen los mismos orígenes, los mismos ingresos, las mismas creencias... Algunos están por encima y otros están por debajo; y aunque difieren un poco, en promedio, nuestros amigos son como nosotros. Si lo que buscamos es un cambio, convendrá expandir nuestro círculo social.

Todos tenemos diferentes vínculos sociales: fuertes y débiles. Los fuertes representan el círculo de similitud, y los débiles son círculos sociales con los que hay más diferencias. Si deseas cambiar de vida, cambia de contexto, explora vínculos débiles, elige personas que puedan ayudar a reforzar tu cambio deseado y convierte esos vínculos en fuertes. A medida que los nuevos vínculos débiles se hacen fuertes, los vínculos fuertes se harán débiles. Es una ley de compensación natural.

¿Es importante filtrar las influencias que recibimos? Por supuesto que sí, ignorar su efecto puede salir caro. Y si no que se lo pregunten a cualquier padre o madre que vigila escrupulosamente con quién anda su hijo o hija. Tan importante es el efecto de las compañías en un adolescente como en un adulto. A fin de cuentas, como afirma el dicho: «Dime con quién andas y te diré quién eres» o «Dios los cría y ellos se juntan».

Pero debes saber que tienes todo el derecho del mundo a elegir con quién compartes tu tiempo. Así de sencillo. No tienes ninguna obligación de aguantar a quien no quieres aguantar. Eso es muy obvio en tus amistades, y pareja, pero ¿qué hay de los compañeros de trabajo y los parientes cercanos? Bueno, es obvio que no siempre puedes «expulsar» de tu vida a todo el mundo pero sí puedes reducir el tiempo que pasas con ellos (y que te expones a su influencia). O como mínimo protegerte de su influencia irradiando positivismo a prueba de bomba.

Seguro que en el trabajo frecuentas más a unos compañeros que a otros, porque puedes elegir con quién te relacionas más. Con la familia sucede lo mismo, una cosa es que les quieras, y otra que te convengan. Puedes reducir tu contacto con aquellos familiares que «no te sientan bien», les quieres igual pero no les frecuentas tanto, eso es todo.

Por favor, no me digas que no tienes elección porque sí la tienes. Paga el precio que haga falta para estar en presencia de personas extraordinarias que te influirán de un modo extraordinario.

Es preferible apostar por las personas que:

- Se cultivan y nutren su espíritu.
- Son espirituales y profundas.
- Aprenden siempre.
- Son buenas personas.
- Trabajan en sus sueños y felicidad.
- Se esfuerzan por mejorar.
- Nunca se quejan de nada.
- Son positivas y alegres.
- Ríen y sonríen.

En fin, nada del otro mundo, gente ordinaria con una actitud extraordinaria. El autor Robin S. Sharma lo resume así: «El gran peligro de estar alrededor de gente no excelente es que empiezas a volverte como ellos sin ni siquiera darte cuenta».

Y desde luego no me interesa pasar mi tiempo con gente que se queja, que es materialista y egoísta, que habla mal de los demás, que cree que la vida es injusta o que pierde el tiempo en la pura banalidad y lo superficial. Tomé esta decisión hace tiempo y entonces hice una «colada de amistades», y mi vida mejoró en consecuencia porque eliminé mucha energía negativa y ahora mi vida se ve influenciada por la energía del amor (no la del temor).

EN POCAS PALABRAS: Sin duda, te convertirás en una combinación, o cóctel, de las personas con quienes pasas más tiempo. Sí, nos convertimos en las personas que frecuentamos. El nuevo aforismo, por tanto, es el siguiente: dime con quién vas hoy y te diré en quién te convertirás mañana.

LA TAREA DE ESTA LECTURA: Examina tus relaciones actuales y determina: con quién deberías iniciar o ampliar tus relaciones, con quién deberías limitar tu relación, y con quién deberías cesar totalmente tu relación. Son tres listas en las que te juegas tu futuro.

Y UNA PREGUNTA PARA RESPONDER: ¿Esta persona lleva la clase de vida a la que aspiro?

Tus contextos mentales nutritivos

¿No es extraño que el órgano de nuestro cuerpo que consume más energía, realiza los procesos más complejos, etc., es el que menos cuidamos? Como habrás adivinado, estoy hablando del cerebro.

La mente es lo que más usamos y lo que menos cuidamos. Si utilizo el verbo «usamos» es porque no creo que seamos nuestra mente, la considero más bien un instrumento creativo de la consciencia. ¿Y crees que es también lo que más cuidamos? Desde luego que no.

Lo cierto es que no dedicamos ningún tiempo a cuidar de la mente, que es el activo principal en nuestra experiencia vital. Cuidamos y limpiamos nuestro cuerpo diariamente, lustramos los zapatos, lavamos nuestro automóvil, hacemos el mantenimiento de nuestra casa… pero nuestra mente, quizá porque es invisible, queda desatendida. ¿No es incoherente?

¿Cómo cuidar de la mente? Es tan sencillo como:

- Meditar cada día.
- Pensar fuera de lo establecido.
- Nutrirla con lecturas inspiradoras.
- Ser infinitamente curioso.
- Aprender cada día.
- Cuestionar creencias, interpretaciones y paradigmas por norma.
- Ejercitar la imaginación como recurso creativo.

Muchas personas no consiguen sus sueños, porque sus sueños son más grandes que ellos. ¡No caben en sus paradigmas! Sus sueños son enormes y su mentalidad es pequeña. ¿Ves dónde está el problema? Simplemente no caben. Como no soy conformista, no propondré reducir el tamaño de los sueños, sino todo lo contrario: expandir el contexto mental.

El supercoaching está diseñado para ensanchar el contexto mental (e incluso expandir la conciencia) con el fin de que las personas logren los cambios que buscan en su vida desde la acción interior. ¿Por qué?

Porque el problema nunca está en el mundo. La limitación no está nunca ahí fuera, o en otras personas, o en las circunstancias… Los límites únicamente existen en la mente que cree en los propios límites y los proyecta al exterior en forma de problemas e «imposibilidades».

Tu mente es donde se juega el partido, el espacio que debes convertir en un templo de equilibrio, paz y orden. Si ese espacio mental está descuidado, todo lo demás va a reflejarlo y no importan las cosas que hagas ahí fuera, pues nunca conseguirás una experiencia mejor que tus proyecciones. Dicho esto, es sorprendente lo muy descuidada que está la mente y las escasas técnicas que exploramos para mantenerla «en forma» y afilada. La meditación, el yoga, la relajación, el control mental, la visualización, las afirmaciones… son algunas de ellas. No es extraño que el nivel de logro promedio sea bajo.

Tus contextos mentales también son tus paradigmas. Cuando cambias un paradigma, la vida cambia. Me refiero a formas de entender la experiencia que están construidas por ideas, pensamientos, creencias, prejuicios, datos... Los paradigmas se empeñan, se heredan, se descubren... y se incorporan generalmente durante nuestra primera etapa de vida. A partir de ese momento, ya no tenemos paradigmas, son ellos los que nos tienen a nosotros (gobiernan nuestra mente). ¿Cómo saber si un paradigma es mejor que otro (o más verdad)? La verdad de un paradigma se revela por su utilidad: si te ayuda es verdad para ti, si te perjudica es tu trampa.

Todo lo que ves depende por completo de lo que no ves, el mundo material se nutre del inmaterial. Y es en este último donde se hallan las causas de los efectos que buscas crear.

También existe un contexto mental adicional: las buenas lecturas. Tu hora de lectura diaria es como el gimnasio de la mente (doy por hecho que te reservas tiempo para leer a diario). Es como el yoga del espíritu (para mí, el yoga no pretende flexibilizar el cuerpo sino conducir la mente a la paz). Leer expande tus límites a nuevos horizontes de conciencia. Cada vez que la mente encuentra un nuevo paradigma, lo rechaza o lo adopta para sustituir uno antiguo que queda automáticamente desactivado. Es como cambiarse de zapatos: solo puedes llevar un par, nunca dos pares a la vez. Y los zapatos viejos raramente vuelven a usarse, se tiran.

Quiero hacer notar que eres la media de los libros que has leído hasta la fecha y de las ideas a las que has estado expuesto. Aumenta tus lecturas y su calidad, y tu mente se nutrirá, será flexible y abierta. (Pásalo.)

EN POCAS PALABRAS: los orientales aconsejan: «Domina el tigre». Se refieren a la propia mente (también la comparan con un «mono» saltarín). Desde luego, la fuerza de un tigre sin control es un auténtico peligro. Una mente bajo control puede conseguirlo todo; y fuera de él, no conseguir nada.

LA TAREA DE ESTA LECTURA: Elige tu técnica de control mental y aplícatela. Por lo pronto, cuestiona cualquier creencia que abrigues en tu mente, todas son sospechosas de limitar tu experiencia, hasta que no se demuestre lo contrario. A fin de cuentas, si no has logrado la vida que buscas es porque algo en ti deberá cambiar.

Y UNA PREGUNTA PARA RESPONDER: ¿Qué creencias tengo que me impiden conseguir mis sueños?

Todo lo que necesitas para vencer el miedo al error

No equivocarse es contraproducente, parece una paradoja pero las personas que han conseguido llegar más lejos en la vida tienen una larga lista de errores a sus espaldas. ¡Son maestros en equivocarse! Conocen casi todos los errores que pueden cometerse y también muchas de sus soluciones. Una vez leí, no recuerdo dónde, que para tener éxito hay que equivocarse más, el doble por lo menos. El error es necesario, es el peaje para conseguir algo que valga la pena. Cuando introduje esta estrategia en mi vida y asumí el error como algo normal (necesario), ocurrió algo muy revelador: empecé a actuar a una velocidad de vértigo; y claro, empezaron a ocurrir muchas cosas. Muchísimas. Algunas no me gustaban, pero la mayoría sí, ¡y mucho! Hice la siguiente evaluación: como ocurrían tantas cosas en mi vida, y la mayoría eran buenas, decidí que me compensaba muchísimo cometer algunos errores por el camino.

El «éxito a la primera» no existe. Qué cosa tan extraña. Por lo que sé, el éxito repentino suele tardar años. Cuando vemos el resultado final, ignoramos cuántos intentos fueron necesarios para conseguirlo, cuántos errores fueron necesarios para dar con una solución. Asistimos a una representación teatral que nos emociona pero ni siquiera imaginamos las horas de ensayos necesarias para alcanzar ese nivel interpretativo. Un deportista olímpico se juega la medalla en segundos o minutos pero lleva años, si no toda una vida, preparándose. El éxito a la primera no existe, no al menos en este planeta.

La falsa idea de que equivocarse es fracasar es un fracaso. Mi apreciado Wayne W. Dyer dijo: «Puede que te sorprenda oír esto, pero el fracaso no existe. El fracaso es simplemente la opinión que alguien tiene sobre cómo deberían hacerse ciertas cosas». Es todo tan subjetivo...

El error es tratar de evitar los errores. No equivocarse es mucho peor que no actuar y no hacer nada. La gente, al final de sus vidas, se arrepiente más de lo que no ha intentado que de los errores que ha cometido (por cierto, nadie se acuerda de ellos). Y si dispusieran de una nueva, actuarían más, se arriesgarían más, se equivocarían más, aprenderían más y tendrían por tanto ¡más éxito!

El empacho de seguridad es un peligro, puede privarte de vivir tus sueños más salvajes. Si tu vida tiene un aspecto «seguro», y tus acciones están «bajo control», lo más probable es que no llegues muy lejos o a nada nuevo. Una vez más, lo paradójico es que cuando arriesgas más, consigues más, y cuando arriesgas menos, consigues menos. Si no te equivocas es que arriesgas muy poco. Y si arriesgas muy poco, consigues muy poco. Ya sabes, si no avanzas, retrocedes. Si no mejoras, empeoras. En la Fórmula 1 se dice que si no derrapas un poco en las curvas es que vas muy lento y no podrás ganar. Hay que salirse en las curvas...

Para aprender hay que equivocarse (si no te equivocas es señal de que ya lo sabías) y la vida es un continuo aprendizaje. En este momento, hay algo seguro: tu vida ideal, y todo lo que deseas conseguir, depende más de lo que no sabes que de lo que sabes (si no, no leerías este libro). Así que, para conseguir lo que buscas en la vida, seguro que hay algo que no sabes pero que te conviene saber. O quizá depende de lo que sabes y no es verdad (y necesitas olvidar). Robert Kiyosaki, experto en riqueza, dijo: «La mayoría de la gente no ha cometido suficientes errores o continúa cometiendo los mismos errores una y otra vez».

EN POCAS PALABRAS: La seguridad no existe, y a pesar de ello, la gente lucha por conseguirla tratando de jugar un juego seguro que no le lleva a una vida deseada. En contrapartida, la inseguridad de la incertidumbre contiene el potencial de todos los sueños que desean manifestarse y buscan un voluntario para ser una realidad.

LA TAREA DE ESTA LECTURA: Asume riesgos y convierte todos los errores que cometas en una enseñanza, la que te conducirá al logro. Es decir, convierte tus errores en una ventaja. De este modo, cuando pierdes, ganas.

Y UNA PREGUNTA PARA RESPONDER: ¿Qué es lo peor que podría pasarme si me equivoco?

Cometer errores sale a cuenta

¿Qué habría sido de cada uno de nosotros si cuando trataba de aprender a andar no hubiera cometido errores con los que aprender? Todos hemos pasado por eso y nadie se me ha quejado de lo duro que fue aprender a andar.

Es hora de desenmascarar la leyenda urbana de los errores: ¡no existen! Yo solo conozco «resultados no deseados» que enseñan cómo conseguir los deseados. Lo tengo muy claro: no equivocarse es contraproducente, y un serio obstáculo para conseguir los objetivos y los cambios que se buscan en la vida. Así que no seamos inmaduros y basta de buscar excusas.

Tal vez existan leyes o principios para no cometer errores pero hasta la fecha nadie las ha descubierto.

Hace años, cierto hombre de éxito afirmó que, para conseguir lo que se desea, uno debe «duplicar su tasa de errores». Cuando lo leí me di cuenta de que en esa etapa de mi vida yo me había «equivocado muy poco», demasiado poco, apenas había arriesgado; y en consecuencia, mi vida podía calificarse de mediocre. Por fin, un buen consejo muy distinto a lo que aprendí en la escuela, donde me enseñaron a rehuir los errores (y el éxito) porque allí la equivocación está

¡penalizada! Creo que la persona promedio no ha cometido los suficientes errores, o comete siempre los mismos, y esa es justamente la razón de su escaso éxito personal y profesional.

Propongo abolir el concepto de «error» en beneficio de alguno de estos diez sinónimos:

1. Aprendizaje... en curso.
2. Oportunidad... para mejorar.
3. Corrección... de método.
4. Retraso... necesario.
5. Prueba... de persistencia.
6. Cambio... de rumbo.
7. Ensayo... mejorable.
8. Estrategia... a refinar.
9. Test... de compromiso.
10. Acierto... inminente.

Si volviese a empezar en la vida, me exigiría a mí mismo «cometer más errores», me obligaría a explorar territorios nuevos y desconocidos. Dejo claro que cometer más errores no significa cometer siempre los mismos errores, eso no sería aprender el éxito, sino la estupidez. Equivocarse en cosas diferentes y con el ánimo de corregir y aprender. Por lo pronto he decidido «duplicar la tasa de errores» (para duplicar la tasa de éxito).

Puedes convertir los errores en tus aliados «número uno» si haces esto:

1. Ten la humildad de reconocer que has cometido un error.
2. Ten la apertura mental para encontrar la lección y lo bueno del error.
3. Ten la paciencia y disciplina para corregirlo.

Del punto 1 pasas al 3 y del 3 al 1 durante un número indeterminado de veces, y finalmente el éxito se presenta ante ti. Al éxito se llega después de obtener bastantes resultados que algunos llaman injustamente «fracasos». Cada «resultado» lleva adherida una oportunidad de transformación y cambio. Y si no te equivocas es que no estás aprendiendo, y si no aprendes no puedes tener éxito.

Celebra pues el proceso de aprendizaje llamado «prueba-error», pero no como el fastidioso juego de los castigos sino como un divertimento. No necesitas dejar de equivocarte, pero sí aprender a corregirte cada vez que eso ocurra. No eres perfecto y también es cierto que nadie conocerá el día de la perfección en vida. ¡Qué democrática es la imperfección! Nadie es perfecto —todos nos equivocamos—. La parte divertida es que todos nos equivocamos, incluso los que juzgan los errores ajenos.

Fracasar no es lo mismo que fallar, fracasar es no intentarlo o abandonar a la primera intentona.

El fracaso, en realidad, ocurre cuando:

- Te enamoras de tu éxito.
- Dejas de mejorar.
- Te anestesias con el elogio.
- Juegas a la defensiva.
- Proteges tu éxito.
- Dejas de asumir riesgos.
- Tratas de defender una reputación.
- Te duermes en los laureles.

Esta es la cruda realidad: a lo largo de la vida hemos cometido «errores» porque nos hacían falta para seguir avanzando. Yo mismo he cometido más errores de los que puedo recordar. Personalmente, me alegro por haber cometido mi cuota de «resultados mejorables» por lo mucho que me han ayudado a evolucionar. Gracias a esta perspectiva compasiva me libro de la carga de la culpa por lo que hice, o dejé de hacer en el pasado, y del temor a repetirlo en el futuro. Es hora de aprender que no existen «errores» ni «fracasos». Tan solo existen «resultados mejorables» en un caso, y «abandonos prematuros» en el otro.

Una de las cosas que más me ha ayudado es pensar que un «error» no supone una negación, sino más bien un resultado que lleva adherida la información necesaria para el siguiente intento, tal vez el del éxito. He descubierto que cuando la vida dice «no» a algo, se trata más de un «retraso» que de una negación. O es una simple indicación: «no de esta manera, pero sí de aquella».

Espero que estés, pero para tu mayor bien, cometas muchos errores de los que aprender.

EN POCAS PALABRAS: Un «error» es una respuesta correcta a una pregunta equivocada (nos «extraviamos» cuando algo es inoportuno para nuestro proceso de aprendizaje). Entonces, la vida nos lo hace notar —para que lo corrijamos— mostrándonos un «resultado mejorable» —llamado comúnmente «error»—, y acto seguido nos concede una nueva oportunidad para corregirlo.

LA TAREA DE ESTA LECTURA: Cada vez que declares una culpa, un fallo, un error... ya sea en ti o en los demás, ten presente que la vida no juzga (sí, la vida es eso que pasa mientras nosotros perdemos el tiempo juzgando). Deshazte de todo lo que te hace sentir imperfecto; recuerda que si respondes a la culpa y la imperfección, estropeas tu inocencia esencial innata y tus opciones de conseguir más resultados, más rápido.

Y UNA PREGUNTA PARA RESPONDER: ¿Hasta qué punto estoy dispuesto a cometer errores?

Curso rápido para resolver problemas

Un tema que molesta a mucha gente es: la necesidad de resolver los problemas. Es incómodo pero afrontarlo ahora ayudará en el futuro, porque todos tenemos problemas o los tendremos. A lo largo de la vida, deberás afrontar una larga lista de problemas por resolver. Sucederá hagas lo que hagas. Pero no todos afrontamos los problemas de la misma manera. En esto reside el principio de la solución.

Cuando empecé a devorar libros de superación personal con 28 años, creí que podían ser un buen antídoto a los problemas. Pensé: «Si me aprendo bien la teoría y me la aplico, dejaré de tener problemas y entonces seré feliz». Estaba equivocado porque seguía teniendo problemas. No hay lectura alguna, ni secreto, que pueda resolver los problemas, porque son consustanciales a la vida. Más tarde, con los años, entendí que aquellas lecturas sí iban a servirme, como así ha sido infinitamente, para afrontar los problemas de forma constructiva.

Buscar una vida sin problemas no es realista, es mejor buscar la inmunidad ante ellos.

Ahora, cada vez que «pierdo», en realidad gano, porque transmuto la dificultad en una ventaja. Convierto cada error, cada caída, cada problema… en una oportunidad y un éxito rotundo. No me permito perder con una «pérdida». Por ello nunca pierdo, siempre gano.

La alquimia es convertir los problemas en ventajas.

En un «curso avanzado de problemas» te dirían que, en realidad, no tiene ninguna importancia qué problemas afrontes ni su tamaño. Insisto, no importa el tamaño del problema, lo único que importa es «tu tamaño» como persona. La maestría en esto consiste en ser más grande que el problema y pasar por encima de él, saltarlo, superarlo. Mi sugerencia es: no trates de conjurar los problemas, mejor trata de crecer por encima de ellos cuando se presenten. Definitivamente, los problemas no son el problema, es tu «tamaño» lo que cuenta. ¡Tu grandeza!

Un problema no es una negación, es una indicación «no de este modo», o un «no en este momento»… pero hay otro modo y otro momento para obtener el «sí» y nuestra tarea es encontrarlos.

Como profesional independiente, sé que el camino hacia el éxito es aprobar el «curso de problemas». Y lo que aprendí andándolo es que las dificultades son generadoras de energía. Hablo del impulso de energía que te motiva a superarte. Así que, en cierto modo, los obstáculos son una bendición porque te estimulan para que puedas avanzar hacia el éxito. ¿Por qué? Porque después serás mucho más grande que si no hubieras afrontado obstáculos e impedimentos.

Si repasamos la historia, y las biografías de gente con mentalidad ganadora, comprobamos que sus vidas fueron una carrera de problemas y obstáculos, y que cuanto mayores fueron los obstáculos, mayores fueron después sus triunfos. Piénsalo, ¡no es una casualidad!

A grandes obstáculos, grandes éxitos.

Por eso me sorprende cuando las personas persiguen lo fácil (y se quejan de lo difícil) o se detienen ante un problema mientras esperan que desaparezca, o alguien haga algo al respecto. ¡Las personas solo pueden triunfar haciendo cosas difíciles, no las fáciles! No se dan cuenta que ellas mismas se niegan el éxito al elegir caminos fáciles (los más transitados). Insisto: elige el camino menos transitado.

Todo esto me lleva a afirmar que los problemas no son impedimentos, ¡son oportunidades disfrazadas de obstáculos! ¡Alabados obstáculos!

En el ámbito laboral, es frecuente oír a personas quejándose de los muchos problemas que quedan por resolver. No entienden que les pagan precisamente para resolver problemas. ¡Para qué pagar a alguien un sueldo sino para resolver problemas! ¡Y cuanto más gordos sean los problemas, más alto será el sueldo! A grandes problemas, grandes sueldos; y viceversa. Gracias a los problemas, de los que esas personas se quejan, conservan el empleo, les garantizan una ocupación.

EN POCAS PALABRAS: Necesitas obstáculos, impedimentos y problemas. Espero que después de esto tu actitud hacia los problemas haya cambiado y los veas como generadores de energía y oportunidades. El éxito es un curso de obstáculos. Cuantos más obstáculos, más energía y más éxito.

LA TAREA DE ESTA LECTURA: Tus «deberes para casa» son encontrar lo bueno de lo malo, aunque lo bueno no sea obvio a simple vista. Si crees que no hay nada de bueno en las experiencias que calificas como «malas», te equivocas. Vuelve a buscar y rebuscar hasta que des con el regalo oculto.

Y UNA PREGUNTA PARA RESPONDER: ¿Qué aspecto bueno (no evidente) me compensa del aspecto malo (tan evidente)?

Agradece la ayuda de los obstáculos

Alguien debió pensar en algún momento que los obstáculos son un freno para conseguir lo que se desea, y lo pensó con tanta intensidad que se convenció a sí mismo. Después difundió su descubrimiento por el mundo, buscando adhesiones, de manera que esta idea absurda cuajó en el imaginario colectivo como la excusa perfecta para no actuar: «los obstáculos son un impedimento».

Pero este libro quiere darte otra versión de los hechos: los obstáculos te dan energía y están en tu camino para que recuerdes cuánto quieres lo que deseas conseguir. Vamos, para que demuestres que de verdad quieres lo que quieres.

Lo que quiero decir es que el éxito es una ciencia exacta, y una de sus reglas es que los obstáculos forman parte del éxito. Si quieres un gran éxito, necesitas grandes obstáculos.

De hecho, son proporcionales: cuantos más obstáculos, mayor es el éxito; y al revés, cuanto menor es el número de obstáculos, menor es el éxito. Los mayores logros de la humanidad fueron una carrera de obstáculos que se resolvieron a tiempo, creo que no hace falta poner ejemplos. Pero te daré uno: un río es manso cuando el cauce es amplio y profundo, pero cuando encuentra piedras y obstáculos en su camino, se forman rápidos y saltos de agua, la energía del río sube y la velocidad del agua aumenta. Y ya no hablemos de si el cauce encuentra un gran desnivel y el agua se tira literalmente de cabeza al vacío… Es una prueba de que el agua, cuando encuentra resistencia, aumenta su ímpetu; y lo mismo ocurre con las personas comprometidas: cuantos más impedimentos, más redoblan sus esfuerzos para seguir adelante. Y por eso consiguen más.

No me cansaré de repetirlo: los obstáculos son una fuente de poder inimaginable. Para tener éxito se necesitan más y mayores obstáculos, porque aumentan la energía.

Lo bueno de tropezar con el primer obstáculo, y resolverlo, es que el segundo se convierte en un asunto de amor propio: «si resolví el anterior obstáculo, he de conseguir lo mismo con este otro». Hay un antecedente favorable, y ahora ya no hay vuelta atrás, porque, si no, ¡qué desperdicio habría sido resolver el primer obstáculo! Cuando se llega al tercer obstáculo, ya hay dos antecedentes de éxito, así que la motivación es máxima para enfrentarse al nuevo reto. Y así hasta la consecución del objetivo.

Por esta razón, estoy convencido de que los obstáculos son buenos, deseables, imprescindibles… porque proporcionan una dosis extra de energía y motivación. Están esparcidos en el cambio para aumentar la motivación y no la desmotivación. Son la señal de que vamos en el buen camino. Y atestiguan que lo perseguido vale la pena.

Espero que te hayas convencido de que no necesitas caminos fáciles, sino obstáculos e impedimentos para destilar el regalo oculto que hay dentro de cualquier objetivo en la vida: la transformación personal. Como sabes, las personas que logran sus metas en la vida sufren una gran transformación y crecimiento como seres humanos. Pide tu ración de obstáculos para garantizarte un regalo sorpresa enorme: tu cambio.

Recuerda: a más obstáculos, más energía, más motivación, más transformación. Y acabo con una cita de T. Harv Ecker en la que dice alto y claro: «Los ricos ven oportunidades; los pobres, obstáculos. Los ricos ven crecimiento potencial; los pobres, pérdida potencial. Los ricos se centran en las recompensas; los pobres, en los riesgos. La gente rica actúa para ganar; la gente pobre, para no perder». Y añade: «Los ricos actúan a pesar del miedo, actúan a pesar de los obstáculos, actúan a pesar de los inconvenientes. ¡Actúan! Los pobres dejan que el miedo, los obstáculos y los inconvenientes los paralicen». Es duro leerlo, pero es más duro ignorarlo y permanecer al margen sin entender qué sucede.

EN POCAS PALABRAS: Los obstáculos no están ahí para fastidiarte, sino para que no te olvides de lo que quieres. Si de verdad lo quieres, nada te detendrá. Y si abandonas al primer impedimento es porque no lo querías lo suficiente. En realidad, los obstáculos son oportunidades para que te demuestres cuánto lo deseas y, además, para conseguir dosis de motivación extra durante el camino y no morirte de aburrimiento.

LA TAREA DE ESTA LECTURA: Trata de imaginar los obstáculos que podrías encontrar en el camino hacia tu vida ideal. Una vez los hayas identificado, prepara una solución para que, cuando aparezcan, si lo hacen, te encuentren preparado.

Y UNA PREGUNTA PARA RESPONDER: ¿Qué dificultades habré de superar para conseguir lo que quiero?

Sé un héroe ante la adversidad

La actitud lo es todo frente a las adversidades. ¿Te has dado cuenta de que siempre que afrontas una adversidad, tú estás presente de un modo u otro en la situación? *Touché!* ¿No te dice eso algo al respecto? Quizá la pregunta debería ser: ¿sin mí, esto sería un problema? Fíjate que no digo que sin ti no ocurra, porque tal vez lo que está ocurriendo, ocurra de todos modos; simplemente sugiero que tu modo de vivir la situación es determinante para que la califiques como una «adversidad».

En chino, la palabra «crisis» se utiliza tanto para referirse a una adversidad como a una oportunidad. Son conceptos complementarios. Pero la mentalidad de Occidente no puede entender la mentalidad de Oriente. Aquí es: A o B, sin más. Allí es: A o B, A y B, ni A ni B, ¡todo a la vez! Si comprendes este koan budista, estás preparado para operar desde la dimensión de la consciencia elevada con la que conseguirás más, con menos esfuerzo y más rápidamente. Un ejemplo: es un perjuicio o es una oportunidad, es un perjuicio y es una oportunidad, no es ni un perjuicio ni una oportunidad... Es las tres cosas a la vez. Practica unas horas y verás qué liberador resulta.

Algunas personas aprovechan su oportunidad, y otras la dejan pasar quedándose únicamente con el dolor de la adversidad, pero no con su regalo oculto. Y así sucederá hasta que una nueva adversidad, tal vez mayor, surja y deban afrontar de nuevo la lección: transformarse a sí mismos o lamentar la situación.

La forma que toma la adversidad importa poco: una quiebra, una enfermedad, una separación, una pérdida, un accidente... Lo importante es el regalo oculto o lo que te convierte en la nueva persona en la que te transformas. Las adversidades son alquimia y un proceso espiritual (de hecho, ¡son tu práctica espiritual!). Las dificultades enseñan a descubrir recursos internos y externos que se desconocían. Las adversidades te conducen a recuperar tu poder personal y a tomar posesión de él. Revelan el superhéroe interior y activan tus superpoderes. Es como si en tu interior se produjera un traspaso de poder del temor al amor, y tu centro de gravedad fuera del uno al otro. Algo que quizá no habría ocurrido sin una situación extrema.

Es obvio que las dificultades siempre son incómodas. La actitud humana suele ser resistente a lo incómodo, incluso si sabemos que la incomodidad proporcionará un cambio para mejor. Es una gran paradoja: sabemos que la adversidad saca lo mejor de cada uno; y sin embargo, por otro lado, nos resistimos a afrontarla. El resultado final es una gran frustración por no hacer precisamente lo que sabemos que hay que hacer: ser grande y saltar por encima de la dificultad.

De las lecturas de Sigmund Freud se desprende que muchos de sus pacientes, que acudían a terapia, deseaban curarse pero aun así el gran psicólogo se daba cuenta de que la mayoría de ellos no mejoraban con el transcurso de las sesiones. Finalmente, Freud se dio cuenta de que todo el problema consistía en el hecho de que sus pacientes en realidad no querían mejorar, lo único que pretendían era amortiguar los efectos para que no fueran tan insoportables. A esta dinámica contradictoria Freud la llamó «resistencia».

Seguramente te preguntarás cómo es posible que una persona pueda resistirse a algo que supone un bien para ella misma. Pues te aseguro que en mi trabajo es el pan de cada día. La resistencia es un acto inconsciente y acaba siendo un acto sutil de sabotaje. Pero ¿por qué alguien iba a actuar en contra de lo que puede mejorar su vida? La explicación es que cuando alguien cambia tiene que dejar atrás una forma de ser, tiene que desprenderse de ideas y creencias y también de hábitos o comportamientos. Y eso no es nada, nada, cómodo.

Así que la comprensión intelectual de cualquier dificultad no va a ser suficiente para resolverla. Leer un libro, o ir a un curso, para «entender» no sirve de nada. Muchas personas entienden perfectamente su problema; y sin embargo, como no hacen nada, la dificultad no se resuelve. Por ejemplo, un médico sabe que fumar no le hace bien, y algunos fuman.

A las personas resistentes las animo a que antes de centrarse en cambiar sus comportamientos revisen sus resistencias para que puedan soltar su dificultad. Muchos lectores se preguntarán: ¿cómo puedo eliminar mis resistencias? La respuesta es: simplemente identificándolas, revelándolas, desenmascarándolas... Tengo la certeza de que nadie puede escapar de sus resistencias a menos que las examine; ya que, si no las examina, las está protegiendo y se convierte en cómplice de ellas.

La mayoría de las personas utilizan estrategias de resistencia o defensivas y esto solo las conduce a «más de lo mismo». Piensan que no pueden, bueno pues ¡sí pueden! Muchas personas buscan cambios solamente en apariencia pero no en profundidad; es decir, buscan «cambios que no son cambios». Se engañan.

Conozco una «fórmula de rescate» ante las adversidades. Cuando te halles ante una adversidad, hazte buenas preguntas para hacer que ese problema no suponga una adversidad nunca más. No lo soluciones por esta vez, sino de una vez por todas y para siempre preguntándote algo así como:

- Si esto no es lo que quiero, entonces: ¿qué es lo que quiero de verdad?
- ¿Qué clase de persona no atrae este tipo de adversidades?
- ¿Qué empeora la situación?
- ¿Qué haría la persona más sabia del mundo en esta situación?
- Si ya solucioné esto antes, ¿cómo lo hice?, ¿qué funcionó?

Tómate un tiempo antes de responder, indaga desde tu superyó, este conoce la respuesta (para todo) y te enseñará que la única dificultad es: «ser la misma persona de siempre» o remolonear en un estado de consciencia demasiado básico.

EN POCAS PALABRAS: El mundo, y todo lo que contiene, no tiene significado concreto. Ninguno. Me explico, tiene el significado que cada uno le da. Aunque esta afirmación pueda parecer algo arbitraria, el universo está pensado para seres de consciencia que ejercen su libre albedrío desde la sabiduría infinita. Para los catetos espirituales todo es arbitrario y una injusticia.

LA TAREA DE ESTA LECTURA: Cuando te halles ante una adversidad, frótate las manos y di para ti mismo: «Bien, vamos a trabajar en esto», y convierte la adversidad en tu «práctica espiritual», para eso la has invitado a tu vida.

Y UNA PREGUNTA PARA RESPONDER: ¿Para quién no supone esto un problema?

Tolera el fracaso ocasional

Pregúntate a ti mismo: ¿te irritas con facilidad cuando no consigues lo que quieres? ¿Experimentas una rabia incontrolada si los demás no actúan de acuerdo a tus expectativas? ¿Tienes explosiones de ira ante situaciones banales, como un atasco de tráfico, esperar para pagar en la caja del supermercado o en el banco?

Si tu respuesta es afirmativa en los tres casos, ¡alerta, puede que sufras el síndrome de «escasa tolerancia a la frustración»! Lo cual puede ser un serio obstáculo para alcanzar tus objetivos (añade tú mismo el sonido de una alarma).

Para este síndrome no hay vacunas ni medicamentos (por el momento) pero, afortunadamente, puedes eliminar tu baja tolerancia a la frustración si eres consciente del síndrome y te decides a sanarlo.

La frustración es «energía inversa» porque juega en contra, pero es energía al fin y al cabo, míralo de este modo. Has creado energía, hasta ahí todo bien, pero ahora toca canalizarla, y darle un giro. Piénsalo: ¿qué ocurriría si canalizaras la energía inversa que hay en tu vida para construir en lugar de destruir?

Conclusión: el problema no es la frustración sino en qué la conviertes.

Si te sientes frustrado por no conseguir lo que quieres, felicítate y no te dejes llevar por la rabia, la ira o el abatimiento, sino todo lo contrario. Indaga y pregúntate cómo convertirlo en algo bueno y auspicioso.

La sociedad está hipnotizada por el antivalor de la gratificación inmediata. La publicidad bombardea con la promesa de que es preciso obtener rápidamente todo lo que quieras: adelgazar sin esfuerzo, convertirte en una persona atractiva con un perfume, obtener la felicidad por conducir un coche, etc. Cuentos de Caperucitas y lobos. Aunque este tipo de mensajes cala hondo en las mentes ingenuas, creando el espejismo de que es posible conseguir lo que se quiera sin ningún cambio personal. Es el todo por nada. Es decir, porque sí.

Saber asumir y superar las frustraciones es esencial para poder ser feliz en lo cotidiano y, por supuesto, cuando se plantean objetivos ambiciosos.

En un instante dispondrás de tres reflexiones que te ayudarán a aumentar tu umbral de rechazo a la frustración:

1. Asumir que la escasa tolerancia a la frustración es un comportamiento poco maduro y caprichoso alentado por un ego inflado. Tu tarea es acabar con el control que ejerce el ego en tus asuntos.

2. Aprender a relativizar. Cuando te sientes frustrado por cosas insignificantes, probablemente das excesiva importancia a cosas que no la tienen pero que sacan a flote un dolor que ya estaba ahí desde mucho antes.

3. Esforzarse un poquito más (o muchísimo más). Si afrontas un proyecto importante (como una carrera universitaria, superar una adicción o mejorar tu salud adelgazando), has de aceptar que va a exigir esfuerzo, disciplina, y paciencia si los resultados no llegan tan pronto como se esperan.

Al igual que otros comportamientos poco saludables, la escasa tolerancia a la frustración puede tener su origen en una mentalidad pesimista. Para reducir la baja tolerancia al fracaso, conviene controlar tu mente y detener los pensamientos negativos y elevar el umbral de aceptación para encajar una negativa o un retraso.

Aprende a ser flexible, paciente y constante, no hay secreto. Conseguirás ahuyentar el síndrome de la baja tolerancia a la frustración y podrás afrontar los problemas con serenidad. En el Tao Te Ching está escrito: «Lo duro y rígido se romperá; lo blando y flexible prevalecerá».

EN POCAS PALABRAS: Cuando no consigues algo a la primera no es para tu fastidio sino para que aprendas que no es esa la manera y el momento. Pero que sí es posible de otra manera y en otro momento. El fracaso ocasional no es un fracaso definitivo (a menos que así lo declares). Es algo normal y está ahí para que demuestres si de verdad quieres lo que dices que quieres.

LA TAREA DE ESTA LECTURA: Después de una caída, retírate 24 horas, durante las cuales no tomarás ninguna decisión, buscarás inspiración y diseñarás tu plan B para una segunda intentona.

Y UNA PREGUNTA PARA RESPONDER: ¿Qué no he aceptado antes en mí que hace que ahora no acepte esto?

El poder personal vence la fuerza

¿Qué necesitas, poder o fuerza? Es una buena pregunta, pero antes de contestar deberás definir qué es cada cosa.

Cuando empiezas a distinguir la gran diferencia que hay entre poder (interior) y fuerza (exterior) terminas decidiendo no presionar nunca los hechos o los cambios; en su lugar, ejercitas tu poder interior, y consigues mucho más. Un ejemplo lo aclarará más que mil explicaciones: el muro de Berlín se levantó desde la fuerza, pero cayó desde el poder. Se levantó por un ejército que impuso su fuerza a la libertad, pero la libertad es poder y finalmente tumbó esa monstruosidad sin ningún acto de violencia.

El poder, tarde o temprano, siempre se impone a la fuerza: un corazón poderoso no tiene nada que temer ante un brazo fuerte.

¿Cómo ejercer el poder interior? Cuando se elige no juzgar, no atacar, no culpar... pero sí resistir a lo inaceptable, es inevitable ser poderoso. La indefensión no es un signo de debilidad sino la fortaleza de quien decide no atacar, ni hacer real el conflicto defendiéndose. No juzgar es sencillo cuando reconoces que compartes con los demás una misma conciencia. Esta perspectiva requiere un conocimiento silencioso de las leyes de la vida, no de las del mundo, pero todo se andará. Veamos cómo resumirlo.

Cuando quieras crear un cambio en tu vida, te ayudará más:

- La presencia que el carácter.
- La inspiración que la obligación.
- La convicción que la conveniencia.
- El amor que el temor.
- El poder que la fuerza.

Hablando de fuerza, forzarse a hacer algo es usar la «fuerza de voluntad», y no se trata de eso. Deshazte de los «debería...», no te fuerces a nada. En su lugar, comprometerse es usar el poder del amor (ya sabes: nada por obligación, todo por devoción). Por esa razón, la fuerza de voluntad es débil y acaba flaqueando.

Alguien dice: «Tengo que ir al gimnasio tres veces por semana»; o peor aún: «Me obligaré a ir...». Pero no lo hará, porque es una autoimposición. Es una violación de su voluntad. Su ego está «legislando» normas y deberes. Ordena y manda. Pero las leyes no cambian el mundo, solo son una expresión de temor, de fuerza (no de poder). La humanidad ha usado desde tiempo sin principio la fuerza (ejércitos, policía, leyes, decretos, juzgados, represión, prohibiciones...) y los problemas no solo no han desaparecido sino que han aumentado y generado más violencia. La fuerza nunca cambia nada de forma sostenible. Una ley puede modificar el comportamiento, pero no afecta a las voluntades. Pasamos por alto que una idea tiene más poder que un arma.

Por esa razón, no aconsejo, absolutamente en ningún caso, cambios que requieran «fuerza de voluntad» (son igualmente una agresión, aunque sea a uno mismo).

La fuerza opera en el mundo externo; el poder opera en el espacio interior de la conciencia. La fuerza requiere energía, y de hecho la consume (es lo que haces). El poder te da energía y te nutre (es lo que eres).

Suena bien, ¿verdad? Pues experiméntalo.

Hay también una gran diferencia entre manifestar autoridad interior y ser autoritario. Podemos mantener la autoridad sin que ninguna fuerza exterior pueda doblegarla, y, por supuesto, sin ser autoritarios.

Por todas esas razones, a la larga, siempre gana el poder frente a la fuerza porque genera energía en lugar de consumirla. El Tao Te Ching dice: «Quien utiliza la fuerza, pronto desfallecerá». Y también: «El que domina a otros es fuerte; el que se domina a sí mismo, poderoso». La fuerza siempre se posiciona en favor o en contra de algo (juzga); por el contrario, el poder no se mueve, es una presencia indefensa y en ello radica su poder. Como no empuja en ninguna dirección, puede mover montañas. Cuando se enfrentan la fuerza y el poder, invariablemente este último siempre triunfa, es cuestión de tiempo.

¿En qué te afecta a ti todo esto? Descarta la fuerza de voluntad, si vas a hacer algún cambio en tu vida es porque simplemente no puedes evitarlo. Creo que aplicarte el cambio de la fuerza por el poder personal justifica por sí solo haber leído este libro. Y ahora sí, ya puedes responder la pregunta con la que empezamos.

EN POCAS PALABRAS: El poder personal es por completo inmune a la fuerza, la cual —tarde o temprano— se desgastará por su propia naturaleza. La fuerza solo es atractiva a la debilidad, pero desde el poder interior es inaceptable. Como el poder interior no pretende imponerse (ni servirse de los demás, sino servirles) no resulta atractivo para los débiles (que encuentran en la fuerza el modo de servirse a sí mismos).

LA TAREA DE ESTA LECTURA: Busca en tus relaciones: comportamientos de poder y comportamientos de fuerza. Bascula progresivamente hacia el poder hasta que consigas la convicción propia de los poderosos.

Y UNA PREGUNTA PARA RESPONDER: ¿Esta decisión me quita poder o me lo otorga?

Acción interior: lectura activa

Cuando una persona lee un libro, su cuerpo está en reposo, y por ello tal vez lo considere una actividad pasiva pero su universo personal está expandiéndose hacia el infinito. Su mente circula, a la velocidad de la luz, hacia una galaxia de oportunidades.

Si se hiciera un escáner de la cabeza de esa persona lectora, atestiguaría que su mente recibe nueva información, a través de la lectura, y su cerebro crea nuevos caminos neuronales porque empieza a pensar cosas que nunca antes había pensado. Leer expande los paradigmas del lector, cambia ideas, remueve otras, inspira transformaciones, y alienta el autodescubrimiento y el aprendizaje. Cuando un lector lee, nuevos caminos neuronales se abren, otros viejos se desconectan, y una tormenta eléctrica ilumina su cerebro. Fin del escáner.

¿Leer es pasivo? Nada más lejos de la realidad. Cuando una persona entra en contacto con el contenido de un libro, se aproxima a la mente del autor, y su propia mente se expande a un nuevo nivel. Sí, los libros te aproximan a sus autores, que tal vez son unos genios y que ahora son tus «mentores». ¿No es maravilloso?

La lectura intensiva es «acción interior» y puede llegar incluso a ser una experiencia espiritual. Lectura activa es aquella que convierte lo leído en una práctica. Leer sirve de poco si no se aplica lo que el autor predica.

Si quieres cambiar tu vida, lee lecturas inspiradoras, de autores que se han superado a sí mismos ante grandes dificultades y con problemas corrientes que tal vez tú también afrontes. Incontables personas me han revelado que un libro cambió sus vidas (me incluyo). Creo que sabes de qué hablo, porque seguramente ya los has experimentado. Ahora, te propondré que leas intensivamente un libro por semana y que valores los resultados dentro de un año.

Invierte en ti y te aseguro que habitarás en una dimensión poderosa. Quien hable contigo percibirá enseguida que frecuentas el gimnasio mental de la lectura. (Cuando hablo con una persona me doy cuenta en unos minutos si lee o no. No puede ser de otro modo.)

Para el motivador Jim Rohn: «El aprendizaje es el comienzo de la riqueza, el aprendizaje es el comienzo de la salud, el aprendizaje es el comienzo de la espiritualidad. Buscar y aprender es donde los milagros tienen sus comienzos».

Ahora bien, leer es genial, pero es mucho mejor aplicarse lo aprendido. Yo, imagino que como tú, «trabajo» los libros con notas y señales, incluso resumiéndolos con mapas mentales después de acabarlos. Es mi forma de repasarlos y reforzar lo aprendido. Pero la clave está en seleccionar una idea para aplicarla. Lector, si sacas una idea en claro de todo este libro, y la metabolizas en tu vida, ya habrá valido la pena leerlo.

Todo lo que quieres y necesitas saber ya está escrito en alguna parte, encuéntralo.

Te recomiendo crear tu «biblioteca inspiradora», que consiste en dedicar una estantería entera de tu casa a los libros que te llevarías a una isla desierta. Solo para los libros que han cambiado algo en ti, y que consideras que vale la pena releer varias veces. Esa estantería es como un «botiquín para el alma». Cada vez que necesites inspiración, te sientas mal, o estés desconectado de tu poder interior, coge cualquier libro de tu «biblioteca inspiradora», ábrelo por cualquier página y recibe su sabiduría. Con cinco minutos de lectura tendrás bastante para recomponer tu ánimo y tu día. Tan necesarios son los desfibriladores en los sitios públicos como tu estantería sagrada en casa. Salvan vidas.

EN POCAS PALABRAS: La lectura es el método de aprendizaje más barato, sencillo y práctico que conozco. Si un libro te da una sola idea práctica, útil, aplicable y que mejore en algo tu vida, ya ha valido la pena invertir dinero y tiempo en su lectura. Recuerda que todos los libros que no has leído no te podrán ayudar nunca. Y la mejor herencia que puedes dejar a tus hijos no son tus cuentas bancarias sino ¡tu biblioteca! Ya conoces la cita de Jim Rohn: «La gente de éxito tiene grandes bibliotecas; el resto, grandes televisores».

LA TAREA DE ESTA LECTURA: Elige una estantería de tu casa y dedícala a los libros que han creado una diferencia en tu vida o un cambio importante. Llámala «la estantería de los libros gloriosos, inspiradores o heroicos», y nútrela con nuevos tesoros. Selecciona los libros que te llevarías a una isla desierta: lo mejor de lo mejor para ti.

Y UNA PREGUNTA PARA RESPONDER: ¿En qué libro está escrita la solución a mi actual problema?

Concédete la ventaja infinita de leer

Todos los libros que necesitarás en tu vida (para ser más rico, sano, feliz, exitoso…) ya han sido escritos. No hace falta que esperes ningún descubrimiento para ser feliz y exitoso. Déjate ayudar por los libros.

Todo está escrito. Basta dar con ello, y ahora con internet es una tarea sumamente fácil.

En mi caso, siempre que tengo un problema, mi primera acción es buscar un libro sobre el tema (o varios). Y si eso no es suficiente, busco ayuda de personas.

Las librerías están a rebosar de soluciones, soy de los que piensan que hay más dinero en una librería que en un banco. ¿Por qué? Porque una buena idea en un libro puede cambiar el resto de tu vida.

Personas de todos los ámbitos de la vida, personas con algunas de las experiencias más increíbles, personas que han pasado de contar monedas de céntimo de euro a reunir una fortuna incalculable… se han tomado el tiempo y la molestia de escribir sus experiencias para que podamos aprovechar su conocimiento.

Y esas personas han ofrecido su experiencia y sabiduría para que podamos ser inspirados por ellos. Nos han entregado el regalo de su conocimiento para que podamos evitar repetir sus errores.

Leyéndoles podemos reorganizar nuestras vidas en base a sus sabios consejos.

Lo repetiré, todas las ideas que alguna vez puedas necesitar ya han sido escritas por alguien en alguna parte. La cuestión es la siguiente: en los últimos noventa días, ¿cuántos libros has leído? (El que lees ahora no cuenta.)

Me cuesta entender los bajos niveles de lectura de la población o el bajo uso de las bibliotecas o incluso el cierre de las librerías. Creo que no tenemos ningún derecho a reclamar una mejor vida sin haber hecho antes el esfuerzo de averiguar qué podemos hacer por nosotros mismos. Y los libros, las librerías y las bibliotecas bastan para colocarte en órbita de la estrella que tú elijas.

En mi caso, reconozco que la lectura intensiva me lo ha dado todo en la vida y sigue haciéndolo. Me ha hecho libre, sabio y rico. Leer es un hábito irrenunciable que me da acceso al éxito y la felicidad. Mi mensaje para aquellos que deseen una vida mejor es que no pueden permitirse dejar de leer los libros que podrían tener un gran impacto en su vida.

Recuerda que si no mejoras es que empeoras.

¿No puedes? El problema no es el precio de los libros, ni la falta de tiempo. El problema son las excusas. Si una persona llega a la conclusión de que el precio de un libro es demasiado alto, que espere a conocer el precio que va a pagar por no comprarlo. Que espere a recibir la factura de la ignorancia…

Hay una gran diferencia entre alguien que lee y alguien que no lee, basta con escucharles hablar unos minutos. Es como comparar un jet y un patinete, van a diferentes velocidades. Pero también es cierto que hay muy poca diferencia entre alguien que no sabe leer y alguien que sabe leer pero no quiere. No leer iguala al que no sabe leer con el que sabe y prescinde de ello. Al menos el resultado es el mismo.

Creo que saber leer y no hacerlo es un despilfarro de posibilidades escandaloso.

La lectura intensiva es esencial para aquellos que tratan de elevarse por encima de lo estándar. No debemos permitir que nada se interponga entre nosotros y el libro que podría cambiar nuestras vidas.

He aquí un concepto que enseño en mis seminarios: quienes buscan una vida mejor, primero deben convertirse en una persona mejor. Y la lectura les ayudará. Deben buscar continuamente en las páginas de los libros con el propósito de desarrollar una filosofía equilibrada de la vida, y aplicarla.

EN POCAS PALABRAS: El hábito de la lectura intensiva y variada es una estrategia clave para construir una vida sólida. Y en mi opinión es uno de los hábitos esenciales y más necesarios para la consecución del éxito personal y profesional, y de la felicidad.

LA TAREA DE ESTA LECTURA: Lleva siempre un libro encima, ya sea en papel o digital (en tu tablet o en tu smartphone) y aprovecha los tiempos muertos para leer unas páginas. En tu automóvil, lleva siempre audiolibros, y escúchalos una y otra vez hasta que sus mensajes formen parte de ti, aprovecha tus desplazamientos para aprender.

Y UNA PREGUNTA PARA RESPONDER: ¿De dónde podría sacar tiempo y leer un libro a la semana como mínimo?

Por qué meditar va a ayudarte

¿Por qué meditar? ¿Por qué razón algo que parece totalmente pasivo podría ayudarte a cambiar tu vida? ¿Y qué tiene que ver el éxito con la meditación?, te preguntarás. Pues bien, una de las premisas del supercoaching es que un cambio en las circunstancias sucede como consecuencia de un cambio de consciencia previo. Todo lo que percibes con tus cinco sentidos es un efecto del campo de la consciencia que nos envuelve. Y ahí entra la práctica de la meditación.

Lo que sigue no es una propuesta para la iluminación, sino para el objetivo último de la vida: ser feliz. Sea cual sea ahora tu objetivo, detrás de él está en juego tu felicidad y por esta razón propongo la meditación como una «no acción» clave en tu plan de acción. ¿Meditar en un plan de acción? Has leído bien.

Te propongo crear oasis de silencio en tu mente (durante veinte minutos por la mañana; y si puedes, veinte minutos más por la tarde). Este tiempo disolverá tu agitación, estrés, ansiedad y falta de conexión contigo mismo. No se trata de «no pensar en nada», ni de entrar en trance, ni de tener ninguna expectativa... Basta con fijarse en la respiración y bajar el ruido mental unos minutos al día.

Pero lo más importante es que cuando empiezas a meditar ingresas en el «club del éxito». La meditación es una de las principales herramientas para el éxito personal y profesional. Muchas personas con grandes responsabilidades, celebridades, mujeres y hombres de negocios... meditan a diario y esa es una de sus principales ventajas para alcanzar sus logros. Sí, la meditación te permitirá conseguir mucho más. Estarás más centrado, inspirado, conectado, tranquilo, equilibrado... y tus decisiones serán más sabias e intuitivas.

Ya sé, no tienes tiempo. Buen intento, pero como excusa no sirve. En la siguiente lista, ¿cuál es tu excusa preferida?:

- No sé cómo hacerlo. (No te apures, al meditar recordarás que lo que haces coincide con tu estado natural, es como respirar, se aprende solo. Sabes respirar, ¿verdad?)
- No tengo un sitio donde meditar, en mi casa es imposible. (Enciérrate en el baño, baja a pasear y medita mientras andas, siéntate en el auto y ponte una gafas oscuras...)
- Eso es para los orientales y los místicos. (No se trata de una práctica religiosa sino espiritual que además es coherente con todas las religiones que creen en la existencia del alma o yo esencial. No importa si tienes una fe y cuál es.)
- No tengo tiempo. (¿Pero sí tienes tiempo para ducharte, vestirte, alimentarte o dormir? Pues es lo mismo.)

Espero haber desarticulado cualquier resistencia. Hay muchas razones por las que crees que no puedes meditar o no vale la pena hacerlo. Pero te aseguro que, si quieres conseguir más de la vida, deteniéndote veinte minutos cada día para meditar comprobarás cómo das pasos de gigante en tu vida y en tu profesión. Ese tiempo de no acción te catapultará.

Los beneficios de la meditación son de diversa índole: psicológicos y físicos. Por un lado, reduce la ansiedad y el estrés, mejora la salud y la presión arterial…; y por el otro, aumenta tu enfoque, concentración, creatividad… Si eres un practicante de yoga, lo complementarás con la meditación porque en el fondo son disciplinas con el mismo objetivo: reequilibrar tu mente y devolverle la conexión perdida con tu yo real o superyó, quien sabe todo de ti y dónde está tu mayor bien. ¿Alguien podría prescindir de semejante socio en su negocio? Me temo que no.

De nuevo, si meditas, serás más creativo porque te ayudará a estar más presente en el momento y salir de «la montaña rusa mental» a la que el día a día te empuja. Y en el momento presente ya están disponibles todos los recursos que necesitas para resolver todos tus problemas: intuición, conexión, creatividad, imaginación, enfoque, seguridad, certeza, paz, confianza, felicidad.

Meditar, ¿funciona? Piensa: ¿por qué si no tantas personas con buen criterio meditarían desde hace miles de años? No seré yo quien responda, pruébalo tú mismo y elabora tus propias respuestas.

EN POCAS PALABRAS: Solo una minoría de la sociedad medita, pero cuando corra la voz será la minoría la que no meditará. No tiene sentido que la mente, nuestra herramienta más valiosa, sea también lo más descuidado.

LA TAREA DE ESTA LECTURA: Empieza a meditar, y si te parece algo muy pasivo, combínalo con una sesión previa de yoga; aunque, en el fondo, ambas disciplinas buscan afilar la mente. Hazlo después de levantarte, o en el crepúsculo, creo que si tienes tiempo para ducharte, también tienes tiempo para meditar. Veinte minutos no son nada comparado con los años de vida extra que conseguirás.

Y UNA PREGUNTA PARA RESPONDER: ¿Qué técnicas conozco y cuáles he probado para afilar mi mente?

Sé un pastor alemán y un león

¿Quieres saber lo que es poner foco de verdad?

Imagina un perro pastor alemán que juega a atrapar la pelota que le lanza su dueño. El perro mira fijamente la pelota que sostiene su dueño con la mano. No hay nada más que le importe a su alrededor. El hombre hace amago de lanzar la pelota, los ojos del perro siguen el movimiento de su mano sin perderse detalle. Para el animal ahora no existe nada más en el mundo que la pelota. Está atento al más mínimo movimiento de la pelota y tiene puestos todos sus sentidos para adivinar qué pasará en el siguiente nanosegundo.

¿Entiendes ahora lo que es poner foco?

¿Cuántas veces has estado tan enfocado como ese pastor alemán?

Estar enfocado es concentrarse en un objetivo sin que exista nada más en el universo en ese momento.

Ahora, ¿quieres saber lo que es determinación a toda prueba?

Los anglosajones tienen un acrónimo interesante: FOCUS (Follow One Course Until Successful), que significa: sigue un curso de acción hasta que tengas éxito. Es infalible para acabar lo que se empieza: poner foco. Veamos un ejemplo: un león ronda una manada de gacelas, las estudia bien, las observa y calibra muchos más detalles de los que podamos imaginar. Cuando hace la elección de su presa, no hay vuelta atrás... no cambia de presa hasta que la consigue o la pierde (y entonces buscará otra). Es decir, no cambia a mitad de carrera su gacela por otra gacela por nada del mundo.

¿Entiendes ahora lo que es la determinación?

¿Cuántas veces has estado tan determinado como ese león?

Determinación es la osadía y el valor de llegar hasta el final en tu propósito.

Ahora tengo dos preguntas para ti:

1. ¿Cómo sería tu nivel de éxito en la vida si te enfocases como el perro pastor alemán?

2. ¿Cómo sería tu nivel de éxito en la vida si cuando empiezas algo llegases hasta el final como el león?

Es decir, ¿cómo te iría si tuvieras el foco de un pastor alemán y la determinación de un león?

El contexto en el que te desenvuelves requiere tu atención en infinidad de asuntos. Es fácil perder la atención, y cuando eso ocurre pierdes el foco, y cuando estás sin foco, se desvanece la determinación. A continuación sucede cualquier cosa y cambias de objetivo, te olvidas del anterior. Y vuelta a empezar, una y otra vez abandonas tu «presa» y sales en persecución de otra para volver a casa sin haber cazado nada.

¿Quieres otro ejemplo?

Tu mujer te pide si le puedes llevar un vaso de agua, está en cama con un resfriado. Vas a la cocina a por un vaso de agua, pero en el pasillo encuentras un calcetín del niño en el suelo, lo recoges y lo llevas al cesto de la ropa sucia. Allí ves que la lavadora ha terminado, recoges y tiendes la ropa limpia. Se te cae una prenda de ropa al patio de abajo. Bajas al piso del vecino para recuperarla, tu vecino aprovecha para decirte que hay goteras en la escalera, y como eres el presidente de la comunidad, subes en busca del seguro para hacerles una llamada, marcas, das el parte. Al colgar, ves que hay un mensaje de texto, lo contestas y además mandas un par más, te entra un divertido vídeo, te sientas en el sofá y lo ves hasta el final. Ríes solo. Y de pronto piensas: por cierto, ¿qué es lo que iba a hacer? Ni idea. Ha pasado media hora, y entonces tu mujer te grita desde la cama: «¡Mi vaso de agua!».

¿Lo ves?, es fácil perder el foco, es fácil empezar a hacer otra cosa y no acabar la que empezaste. Hay tantas cosas que persiguen tu atención...

Y en internet aún es peor.

Y así ocurre también con las cosas importantes de la vida.

EN POCAS PALABRAS: Hacemos muchas cosas urgentes que en realidad no son importantes aunque sean urgentes; y olvidamos las importantes porque creemos que, si no atendemos lo urgente, nuestra vida se derrumbará. Y es todo lo contrario.

LA TAREA DE ESTA LECTURA: Enfócate en una, dos o tres cosas importantes nada más cada día, márcalo en color rojo en tu agenda. El resto es relleno; si cabe, bien, y si no: a la papelera (allí dejará de ser «urgente» por inanición).

Y UNA PREGUNTA PARA RESPONDER: ¿Lo que hago ahora es lo que necesito de verdad hacer ahora?

El secreto de las realidades paralelas

Lo leí en algún lugar hace mucho: hay otros mundos y están en este. Con el tiempo lo he entendido: las personas viven muy cerca pero mentalmente pueden vivir en dimensiones muy diferentes. Un mismo país, una misma ciudad, o unos mismos contextos pero consiguiendo resultados muy distintos. Es como si habitaran en planetas diferentes sujetos a leyes diferentes y con resultados también muy diferentes. Pensar que la realidad es unidimensional, que solo hay una, es una fantasía.

Para ilustrar lo interior, imagina un libro. El mundo en el que vives tiene tantas dimensiones como estados de consciencia, o tantas dimensiones como páginas de un gran libro: las páginas están juntas pero contienen cosas diferentes; cuanto más alejadas están las páginas, más diferentes son las cosmomentalidades que describen.

Por ejemplo, en una economía en crisis: a unas empresas les va muy bien, a otras muy mal. La economía, el mercado, las leyes... ¿no es todo lo mismo? Sí, en el mundo visible todo es lo mismo, pero en el mundo invisible todo es muy diferente: habitan dimensiones económicas diferentes porque sus niveles de consciencia son diferentes, al menos en lo que se refiere al dinero. Y averigua dónde se está fraguando la riqueza o la pobreza en este mismo momento y que llegará a tu vida como un tren de alta velocidad lanzado a todo correr... Exacto: en tu consciencia y en tu mente.

Mentalidades, valores y consciencias diferentes implican resultados diferentes.

No es lo que hacemos, es lo que somos lo que marca la diferencia.

En el mundo hay dos grupos, por así decirlo, de personas diferenciadas:

1. Soñadores, espectadores, habladores (estado de conciencia básico).

2. Creadores, actores, manifestadores (estado de conciencia elevado).

Entre ambos grupos no hay temas de conversación comunes. En el caso de compartir un almuerzo dos personas pertenecientes a esos diferentes grupos, se aburrirían de muerte mutuamente. Viven en realidades paralelas, y por tanto: dos líneas paralelas nunca se tocan, no tienen nada en común.

Mientras las personas del primer grupo (soñadores) explican lo que harán cuando las condiciones óptimas se conjuren en un momento de epifanía, las del segundo grupo (creadores) están ya metidas en harina, ocupadas en hacerlo real. Vayamos más allá: no solo son diferentes, sino que son incompatibles como el aceite y el vinagre que no se juntan.

Los soñadores odian que los creadores pasen a la acción. Representan una amenaza al statu quo y por ello se convierten en sus críticos. Cuando los actores trabajan en la zona de incomodidad, los espectadores empiezan a sentirse cabreados en la zona de comodidad. No es nada personal, su enfado no es provocado por los creadores, sino que va con ellos mismos por ser soñadores pero necesitan un cabeza de turco.

Ambos grupos viven en planos diferentes de la misma realidad:

1. Comodidad.
2. Incomodidad.

Ambos grupos hacen cosas diferentes:

1. Fácil, sencillo.
2. Difícil, complejo.

Ambos grupos viven en planos temporales diferentes:

1. Mañana, después.
2. Hoy, ahora.

Ambos grupos tienen texturas diferentes:

1. Son blandos.
2. Son duros.

Y por eso sienten cosas diferentes:

1. Miedo al posponer.
2. Pasión al actuar.

Pero ya te habrás dado cuenta que «incómodo» no significa «malo», al igual que «fácil» no significa «mejor», y «difícil» no es «imposible». Y el miedo ¿dónde queda? Es absolutamente irrelevante en el cómputo final cuando descubres que es solo una creación mental y que no existe en la realidad. Algún día los estudios lo probarán, de momento es una verdad *off the record.*

Ya lo ves, vivimos en el mismo planeta pero las personas habitamos galaxias mentales diferentes donde las leyes que gobiernan son diferentes y las posibilidades también lo son. Estamos tan cerca, pero tan lejos, que cuando lo explicas podrías ser apedreado. A la gente que le gusta quejarse no acepta esta verdad incómoda, prefieren hablar de injusticias. Pero la vida no tiene favoritos. Todos, desde el momento de nacer, y desde mucho antes, ya estamos creando nuestra buena o mala suerte. El sufrimiento es inútil porque ahora mismo disponemos de la sabiduría que lo cambiaría todo, todo, todo en el planeta; pero el promedio de la humanidad necesitará varios siglos para entenderla.

Sé radical: si te cruzas con un soñador, enséñale el cartel rojo de la puerta de salida («exit») con el dedo índice, sin contemplaciones.

EN POCAS PALABRAS: Hay una vida antes y una después de pasar a la acción (te gustará más la vida de después de actuar), y cada día dispones de 86.400 oportunidades de pasar a la acción (es el número de segundos de un día). Y eso es precisamente lo que necesitas para pasar a la acción: un segundo (y aún te sobra medio segundo).

LA TAREA DE ESTA LECTURA: Diseña tu «plan de éxito repentino» y empieza hoy lo que verás en tu realidad de aquí a unos años (en apariencia sucederá «de repente»). Todo lo que habrás sembrado y parecía no germinar, «de repente» se convertirá en un brote, después en un arbusto y con el tiempo en un árbol para las próximas generaciones.

Y UNA PREGUNTA PARA RESPONDER: ¿Equivocarme es peor que no empezar?

Cómo pasar a la acción con menos esfuerzo

Tus proyectos personales son la clave para tu desarrollo personal. Cuando estás inmerso en tus obligaciones profesionales y familiares, tiendes a relegar a un segundo plano tus aspiraciones personales, pensando que llegará un momento más propicio. No existe tal momento (el momento perfecto es un mito). Sin embargo, esta fantasía puede provocar que archives tus ambiciones y, en consecuencia, que no pases por el proceso de transformación que supone conseguirlas.

Tanto si eres un adolescente y sueñas con ser deportista o convertirte en artista, como si eres un ejecutivo cansado de una profesión que no te llena y quieres empezar un nuevo estilo de vida, o un desempleado y proyectas invertir tu energía en un proyecto emprendedor, la única forma de convertir en realidad tus propósitos consiste en pasar a la acción. A-c-c-i-ó-n. No sabrás que lo deseas de verdad hasta que te encuentres haciéndolo. Mi receta: acción inmediata antes de 24 horas.

No lo pienses, hazlo. No te conformes con hacerlo, abalánzate sobre ello. T. Harv Ecker lo tiene claro: «Los ricos ven una oportunidad y se abalanzan sobre ella. Y ¿los pobres? ¡Ellos siguen preparándose!». Creo que la gente está saciada de autocomplacencia y le falta hambre de éxito.

A continuación, expongo media docena de estrategias para lograr tus objetivos y hacer irrelevante la limitación que te esté frenando ahora y te impida pasar a la acción. ¿Estás preparado? Son estas:

1. Establece tus tareas de forma concreta. Para cumplir tus metas personales lo esencial es que concretes tus proyectos con la mayor claridad, ello te va a permitir definir las tareas necesarias para alcanzar tus objetivos. Por ejemplo, no basta con que te repitas que vas a empezar, sino que elijas tus tres primeros pasos y les pongas fecha en la agenda.

2. Fíjate tres tareas diarias, realistas pero ambiciosas. Una de las claves para que tus objetivos tengan éxito depende de que las tareas sean realistas y puedan cumplirse, en caso contrario te desanimas y abandonas.

3. Planifica el éxito semanal. Es preferible que distribuyas tus objetivos en pequeñas metas, ya que eso te va a permitir experimentar la satisfacción de comprobar cada logro intermedio, y va a motivarte para afrontar cada nueva etapa con mayores garantías, hasta alcanzar el logro final. Si cumples tu agenda semanal, es que has tenido una semana de éxito. ¡Celébralo!

4. Aprende a afrontar y aceptar las dificultades. En todo lo que es nuevo para ti, vas a enfrentarte a dudas, problemas, dificultades y bajones. Es inevitable. Ahora es el momento de aprender a superar todo eso. Es importante que aprendas de tus errores porque te ayudará a conseguir tus objetivos y a mejorar como persona, aprenderás a ser flexible y a ser mejor y más fuerte.

5. Tu plan de trabajo diario. Esta estrategia consiste en escribir diariamente el plan de trabajo que te has propuesto para el día siguiente, tareas simples, algo que puedas llevar a tu agenda. Esto prepara tu mente para emprender la acción.

6. Compártelo con los demás. Si compartes con tu familia, tus amigos y conocidos tu objetivo, de algún modo te comprometes a cumplir aquello que has hecho «público». Unos lo entenderán, otros se mostrarán incrédulos; no importa, no lo comunicas para conseguir su aprobación, lo haces para presionarte a ti mismo. Otra cosa que ocurrirá es que en esas conversaciones acabarás enterándote de casos de personas que han logrado cumplir su sueño, e incluso quizá recibas buenos consejos.

Es imposible exagerar cuando se habla de la importancia de empezar.

Cuando empiezas a actuar, la magia se pone en marcha y ocurren cosas de mayor importancia que te llevan al logro en las horas corrientes y más inesperadas. Puede que acabes de empezar, pero te aseguro que empezar ya es un éxito al margen del resultado. No obstante, hay una diferencia entre tener éxito y tener reconocimiento... ¡podrías tener éxito ahora mismo! Solo por haber empezado, aun cuando no se te ha reconocido o tú mismo no lo reconoces. El éxito personal es un proceso interior, y el reconocimiento del éxito es un evento exterior. No siempre coinciden en el tiempo, ni tampoco necesitas este último.

Haz lo que debas y después retírate a un lado, toma distancia y deja que la magia haga el resto.

EN POCAS PALABRAS: Para empezar no necesitas saber «cómo» conseguir lo que quieres. Ya lo descubrirás por el camino. Muchos no empiezan nada porque necesitan saber el «cómo» por anticipado; pero lo cierto es que debes tirarte y las alas te crecen mientras caes. Empezar tiene magia, tiene poder, tiene la energía que necesita un sueño para ser una realidad. Si empiezas, tienes un objetivo; si no empiezas, solo tienes un sueño.

LA TAREA DE ESTA LECTURA: Cada vez que te propongas un cambio, una mejora o un objetivo, pasa a la acción en menos de 24 horas. Ese es tu compromiso contigo mismo: no demorar el inicio más de 24 horas. Si esperas más tiempo, no empezarás.

Y UNA PREGUNTA PARA RESPONDER: ¿Cuál es el primer pequeño paso que he de dar para sentir que ya estoy en marcha?

El sorprendente efecto sintonía

Entrar en sintonía con otras personas te ayudará con tus objetivos. Recuerda que solos conseguimos más bien poco. Hay otro concepto muy cercano: la empatía (ponerse en los zapatos del otro, ser comprensivo) pero creo que la sintonía (que es establecer una relación de afinidad) es mucho más poderosa y constructiva.

En la empatía no tiene por qué haber afinidad, pero en la sintonía es imprescindible que la haya. Lo contrario de «empatía» es «incomprensión»; y lo contrario de «sintonía» es «discordancia». Como ves, son cosas diferentes. La empatía está bien, pero la sintonía es superior.

Sin sintonía no hay sinergias.

¿Te has dado cuenta de que las personas que se llevan muy bien se parecen mucho? Es porque han creado un contexto de sintonía. Parece que hablan, se mueven, sienten, piensan… e incluso se visten igual o muy parecido. El lenguaje corporal y verbal de esas dos personas se acopla: hay simetría. Es el «efecto espejo» en acción: hay similitud, y la similitud genera confianza y aprecio. Y la simetría se consigue al «igualar» el lenguaje corporal, los gestos y posturas, además del patrón de voz de la otra persona.

¿Cómo armonizar el estado emocional de dos personas? Entra en su mundo a través de la sintonía, acoplando: posturas, expresión facial, gesticulación, vocabulario, velocidad de habla y tono de voz empleado; ya que el estado emocional se relaciona directamente con el estado físico.

Se puede cambiar el estado emocional simplemente cambiando la postura física. Por ejemplo, es imposible sentirse mal cuando estás de pie, extiendes los brazos, miras arriba y esbozas una sonrisa. Pruébalo ahora, donde estés. Pues bien, si quieres saber cómo se siente la persona que está delante de ti, imita con prudencia su postura y gesticulación; y lo percibirás. Desde el mismo estado emocional habrá más sintonía, y la relación se fortalecerá. Cuando esa atmósfera de confianza y familiaridad se ha establecido, el entendimiento y apoyo mutuo es inevitable, por no hablar de la posibilidad de colaborar. Los mejores negociadores tienen la habilidad inconsciente de activar el efecto espejo de la sintonía.

Dicho de manera informal: «Están en la misma onda».

Pero esto no tiene nada que ver con manipular, sacar provecho o fingir ser diferente de como eres. El efecto espejo es algo que ya haces ahora, o has hecho de forma inconsciente, y responde siempre a la voluntad natural de socializar, acercarse, comprender, colaborar y respetar a las personas con quienes entras en contacto. Tiene que ver con querer entender el mapa que guía a los demás.

Si vas a crear sintonía, sé prudente, no se trata de imitar o copiar de forma descarada, lo cual sería una burla y una falta de respeto, sino de crear un efecto espejo. Y, obviamente, si la otra persona está enojada o deprimida, no es aconsejable enfadarse o entrar en depresión también, pues poco podrás ayudarla desde esa posición carente de poder. En cualquier caso, pruébalo y crea relaciones de cercanía para el apoyo mutuo en la consecución de cambios en tu vida.

EN POCAS PALABRAS: La sintonía es una estrategia de aproximación avanzada que a partir de ahora conoces y sabes cómo funciona, úsala con prudencia. El objetivo es establecer relaciones de armonía, el acercamiento y el entendimiento, y nunca manipular al otro.

LA TAREA DE ESTA LECTURA: Ahora repasa mentalmente los nombres de las personas con las que tienes más amistad y busca puntos en común, descubrirás que sois muy parecidos. Creencias, gustos, ideas, vocabulario... incluso tal vez os parecéis físicamente. Y así es, la gente se hace amiga de las personas con quienes comparte más y se parece más.

Y UNA PREGUNTA PARA RESPONDER: ¿En qué me parezco a las personas con quien más unido me siento?

Elije lo difícil y échate a dormir

Creo que se abusa de la palabra «difícil»: «esto es difícil», «aquello es muy difícil», «lo de más allá no es nada fácil»... Es una palabra que por desgracia está en boca de todos y que a mí me suena como una uña rasgando una pizarra.

Por mi experiencia como coach, cuando escucho esa palabra sé que se usa como excusa. En realidad lo que quieren decir es que no lo harán. Y le ponen la etiqueta de «difícil» y punto final. Lo que he aprendido es que las personas promedio no suelen elegir caminos difíciles, sino fáciles, y por eso sus vidas son ¡tan difíciles!

«Difícil» no significa «malo», así como «fácil» no significa «bueno».

Cuando alguien le pone la etiqueta de «difícil» a algo, es como si lo archivase en la carpeta de asuntos descartados. ¿Cuántos tienen un almacén lleno de sueños rotos con esa etiqueta pegada?

Al usar esa palabra, expresan varias cosas a la vez:

a) La primera es que ellos mismos y sus vidas son «fáciles» (ya que solo se atreven con lo fácil y no con lo difícil). Como son «fáciles», sus logros también son fáciles. He aquí mi conclusión: lo fácil lleva a una vida difícil, lo difícil lleva a una vida fácil.

b) La segunda es que cuando califican algo de «difícil», están hablando en realidad de sus miedos. Miedo a lo que sea: miedo a no saber hacerlo, miedo a lo desconocido, miedo al error, etc. El miedo es la ausencia total de amor. Y el amor refleja la pasión del compromiso sin que importe la dificultad. En otras palabras, declarar algo como difícil muestra una gran falta de compromiso (o presencia de miedo y ausencia de amor).

c) La tercera es que esa valoración es tan subjetiva y arbitraria como una votación en el festival de Eurovisión, donde uno nunca sabe qué se está puntuando. Lo fácil para unos es difícil para otros, y a la inversa. «Difícil» es una valoración ambigua e inconcreta que no sirve para nada.

Ya lo sabes: si alguien califica algo como «difícil», ten por segura una cosa: no la hará (ni siquiera la intentará, la descartará).

Pero lo que nunca has hecho no puede ser difícil. Piénsalo dos veces y no podrás más que estar de acuerdo con esta afirmación. Si no lo has hecho nunca, ¿cómo sabes que es difícil? Aquello que nunca se ha hecho no puede ser difícil.

La conclusión es: lo fácil aburre, lo difícil interesa, lo imposible obsesiona.

Te propongo no usar jamás (sí, nunca jamás) esa palabra deprimente («difícil») y erradicarla del vocabulario. En realidad es una palabra tan perdedora como la palabra «fácil». Se trata de dos conceptos surrealistas que no tienen nada que ver con tu verdadero potencial. Una persona consciente no usa esos dos términos porque el tamaño de sus asuntos no es relevante. Lo que cuenta es su tamaño interior.

Puedes sustituir «difícil» por: complejo, interesante, reto, apasionante, motivador, desafío, transformador, alquímico… es decir, cualquier palabra que exprese: amor, pasión, compromiso, autosuperación… Cambia tu vocabulario, y si lo haces, tu vida cambiará. Está garantizado. ¿Cuál es la razón? Las palabras son los símbolos de lo que uno piensa, y ya sabemos que cambiamos la vida cuando cambiamos lo que pensamos.

Las palabras son sonido, el sonido es vibración, y la vibración es energía. Cada vez que pronunciamos una palabra, activamos la energía que lleva adherida esa palabra y afecta a nuestro estado emocional.

Yo me pido lo que comúnmente se califica de «difícil», si algo es «fácil» no me interesa, porque no implica transformación ni va a llevarme lejos. Hace tiempo, cuando me enamoré de lo «difícil», mi vida se hizo sencilla, fluyente y apasionante. Di un salto cuántico y pasé a otro nivel.

EN POCAS PALABRAS: Lo fácil a corto plazo, lleva a una vida difícil a largo plazo. Y lo difícil a corto plazo, lleva a una vida más fácil a largo plazo. El problema de elegir lo cómodo primero, es que acaba siendo muy incómodo. La incomodidad a corto plazo es garantía de comodidad a largo plazo. Las acciones más importantes nunca son cómodas, por eso son importantes. Y el camino menos transitado es el que lleva más lejos, por eso es tan solitario.

LA TAREA DE ESTA LECTURA: Sustituye la palabra «fácil» por «irrelevante» y la palabra «difícil» por «relevante». Y luego manifiesta tu devoción por lo relevante y tu vida será más interesante.

Y UNA PREGUNTA PARA RESPONDER: ¿A qué me conduce hacer lo fácil?

Sé audaz, usa palabras ganadoras

El poder de las palabras es tan desconocido como efectivo. Las personas que consiguen más de la vida se apoyan en palabras y expresiones que les ayudan a conseguir más. Saben que hay palabras que no deben pronunciarse nunca y que hay otras en cambio que conviene utilizar a discreción. Por todo lo cual he de pedirte que mejores tu diálogo interno, así como tu diálogo externo. En el supercoaching este es un asunto principal: nuestros coachees siempre reciben pautas para cambiar lo que se dicen de sí mismos.

Lo que dices, cuenta. Y mucho.

Seré franco: las mentalidades débiles usan palabras débiles. Comprueba cómo suena: «Lo intentaré»; fíjate en la energía de esta expresión: se cae al suelo antes de que acabes de pronunciarla... Cuando alguien dice «lo intentaré», en realidad está diciendo «no lo haré», o «al primer obstáculo diré que lo he intentado y ya está». Nadie puede creer en nada que esté expresado en esos términos. Los demás sabrán al momento que no hay compromiso, y no se lo tomarán en serio.

No lo intentes, hazlo o no lo hagas, pero no te engañes a ti mismo... (lo oí decir en *La Guerra de las Galaxias*).

¿Y qué opinas de esta otra respuesta?: «No puedo». Es también una expresión perdedora. Su energía es blanda como un fideo demasiado cocido. Muchas veces decimos eso sin haberlo intentado nunca antes... ¿Cómo sabemos que no podemos si nunca lo hemos hecho?

Hay más palabras perdedoras. Quizá alguien debería hacer un diccionario de palabras a desterrar (porque arruinan vidas), y proponer sinónimos de más alta vibración. Se me ocurre la idea de elaborar un *Diccionario vibratorio de las palabras*, donde no se especificaría el significado de las palabras sino su vibración. La finalidad sería sustituir el vocabulario perdedor por el ganador.

El modo de hablarse a uno mismo, a los demás y a la vida tiene mucho que ver con lo que se consigue. Cambiando el vocabulario, una persona puede mejorar mucho su nivel de logro y satisfacción. Es tan obvio que lo ignoramos, y usamos las mismas palabras que nos han conducido a nuestros problemas creyendo que nos ayudarán a superarlos.

Por ejemplo, el mayor cambio, y el más poderoso, que un comerciante de internet puede hacer en su web, no es cambiar el tema, las imágenes, el diseño… sino los textos, los mensajes, el vocabulario, los titulares. Cuando un profesional trabaja en este aspecto de una web puede multiplicar por un 500 por ciento su conversión. Por esa razón los copywriters de web cobran sumas astronómicas por redactar una carta de ventas o por revisar los textos de una web. Escriben una carta, una página nada más, pero su texto destila un conocimiento de las palabras y expresiones que convencen y que marcan una gran diferencia.

Como amante de la venta, conozco las palabras que venden, el lenguaje hipnótico que influencia a las personas. Cuando un profesional conoce la sintaxis del éxito (el poder oculto de las palabras), sus resultados aumentan de forma exorbitada:

- Palabras perdedoras.
- Palabras ganadoras.
- Palabras que crean.
- Palabras que destruyen.
- Palabras felices.
- Palabras tristes.
- Palabras que venden.

- Palabras que se olvidan.
- Palabras que marcan.
- Palabras que enriquecen.
- Palabras que empobrecen.
- ...

No subestimes el poder de las palabras, porque están en el inicio de toda creación («Al principio fue el Verbo...»).

En tus comunicaciones evita: las habladurías, el hablar por hablar, los comentarios insustanciales, el tratar de cambiar a los demás, el juzgar sin ser arte ni parte, contar tu vida o tus problemas... Y prefiere: escuchar más que hablar, celebrar más que quejarte, ser amable más que ser tosco, hacer cumplidos sentidos, decir las cosas como son... usar palabras luminosas que encienden el rostro a quien las pronuncia.

Tampoco subestimes el poder de las imágenes. Imagina tu ideal de vida, el estilo de vida que quieres crear cuando cierres este libro. La mejor forma de trabajar con imágenes no es con una foto fija sino con un vídeo o una película. Reescribe el guion de tu vida: la «película» de tu vida. Sí, la vida es como una película en la que tú eres el guionista y director. Permíteme una pregunta: tu vida hasta hoy, ¿es ideal?; entonces: ¿qué habría de suceder para que fuera un «taquillazo»? Escribe el argumento de tu nueva vida: ¿cómo te gustaría que fuera tu vida? Escribe una sinopsis o argumento. Y añade subtramas: ¿qué otras cosas han de suceder en tu vida? Y ¿qué artistas invitados vas a atraer?

Ahora combina varios géneros para tu guion ideal (los ingredientes de tu nueva vida):

- Acción.
- Comedia.
- Romántica.
- Espiritual.
- Aventuras.

- Erótica.
- Futurista.
- Musical.
- Divertida.
- Rural.

¿Qué necesitas para hacerla real?:

- Financiación.
- Un plan maestro.
- Ensayar.
- Cómplices.
- Un equipo.
- Documentarte.
- Tiempo.
- Atrevimiento.
- Imaginación.
- Disciplina.
- Empezar.
- Un buen reparto.
- Un buen guión.

Ahora diseña el cartel de la «película» de tu vida... ¡Ah!, y la fecha de estreno. ¡Cámara, acción! (¿qué lo pondrá todo en marcha?; anota las primeras cosas que harás con fechas concretas).
The End.

EN POCAS PALABRAS: Tus palabras configuran tu futuro. Elígelas con cuidado, te juegas el resto de tu vida. Por tus palabras, los demás sabrán cuándo vas en serio y cuándo no. Solo uno mismo puede arruinar sus sueños e intenciones usando palabras perdedoras en un guion previsible y sin emoción.

LA TAREA DE ESTA LECTURA: Pon el foco, durante una jornada entera, en las palabras que usas y las que más repites, incluso si solamente las piensas. Trata de buscar sinónimos que lleven adherida otra energía más creativa, después cambia tus expresiones, y observa cómo cambian tus resultados.

Y UNA PREGUNTA PARA RESPONDER: ¿Qué diría la persona más sabia del mundo en esta situación?

Revela tu grandeza

Quiero compartir contigo una sensación que tengo y que proviene de incontables sesiones de coaching: los humanos habitamos bajo un techo de cristal, a mayor o menor altura, que es parte de la caja de cristal que nos retiene y determina hasta dónde llegamos en la vida.

Tal vez hayas oído la historia de la carpa koi de Japón cuyo tamaño depende de las dimensiones del estanque en el que vive. El contexto determina cuánto crecerá la carpa. A los humanos nos ocurre algo parecido: construimos una vida dentro de una caja de cristal del tamaño que cada uno elige para sí mismo. Y después, nos adaptamos a ese espacio. De modo que su tamaño determina nuestros resultados. El tamaño de nuestro contexto mental influirá en los resultados que consigamos (cita tuiteable, compártela, por favor).

Piensa fuera de la caja.

Es hora de identificar qué es lo que te retiene en tu actual nivel porque te aseguro que estás diseñado para conseguir todo lo que puedas imaginar y mucho más. Y, si eso no ocurre, no es porque algo ande mal en el mundo, sino porque tu caja es demasiado pequeña para poder hacer entrar todo lo que has soñado para ti. No hablo metafóricamente, sino en sentido literal. Estoy convencido de que no conseguir lo que queremos es una auténtica «anomalía» que debemos resolver cuanto antes, porque lo normal, créeme, debería ser que cada persona pudiera realizar sus sueños sin mayores problemas.

La buena noticia es que se trata de una caja de cristal. Puede romperse fácilmente. ¡Rompe la caja!

Es hora de pedirte un resultado mayor, de sacar grandeza y de ampliar esfuerzos. Imagino que te interesa jugar a un juego de mayor complejidad e ir más allá de los límites de tu caja de cristal. Se impone, pues, una pregunta: ¿es este el momento de tu vida en el que decides ser grande para el resto de tu existencia? Si no es ahora, ¿cuándo? Aunque te parezca exagerado, ser grande es una decisión, pues allí fuera, en tu realidad, no hay nada que te obligue a ser «pequeño», ni siquiera a ser «mediano». De hecho, a la vida le interesa más que juegues en grande que en pequeño. No ayuda a nadie jugar a ser pequeño: la humildad mal entendida es la justificación para seguir construyendo cajas de cristal pequeñas. Si te crees inferior, pequeño, limitado, incapaz… ¡te mientes descaradamente!

Examinemos cuáles son tus áreas de mejora. Estas son las doce instrucciones para ser grande de verdad y de una vez por todas:

1. Pídete subir el listón, aumentar el nivel.
2. Pídete perfeccionar un detalle de tu vida.
3. Pídete algo que hasta hoy has considerado imposible.
4. Pídete desprenderte de algo que te limita.
5. Pídete trascender algo.
6. Pídete decir no a algo.
7. Pídete ser como tendrías que ser para conseguirlo.
8. Pídete reconocer un área de irresponsabilidad.
9. Pídete algo diferente a lo que ya obtienes.
10. Pídete reconocer un talento o habilidad infrautilizados.
11. Pídete el doble de lo que sea que quieres conseguir.
12. Pídete ser grande de verdad para el resto de tu vida.

Si trabajáramos juntos, es lo mínimo que yo te pediría en un proceso de coaching, y no lo daría por terminado hasta que tu «tamaño» interior se hubiera multiplicado varias veces. Ha llegado el momento de tu vida para sacar (a falta de una palabra mejor) grandeza.

Tu vida está controlada por algo grandioso, pues vienes de la grandeza y vas a la grandeza.

EN POCAS PALABRAS: Estás hecho para la grandeza sin ego. Aun sin conocerte, sé perfectamente que hay un gigante en tu interior pidiendo paso para expresarse. La grandeza es el auténtico tamaño de tu valía. Todos sin excepción somos seres divinos con un potencial que ni imaginamos. Y lo que he comprobado es que a cierta edad las personas se cansan de vivir en pequeño y desean manifestar su verdadero tamaño, y no es un síntoma de ego desmedido sino que tratan de ser coherentes con su tamaño real.

LA TAREA DE ESTA LECTURA: Señala una pequeñez, un detalle que te frena, algo que no encaja con tu ideal. Basta con uno por el momento y ponte a trabajar en ello hasta convertir esa pequeñez en una grandeza. La grandeza atrae más grandeza. Recuerda que provienes de la grandeza, por eso la grandeza es tu cualidad. Busca la grandeza en ti y en los demás. De reconocerla, o no, depende lo que obtendrás en la vida.

Y UNA PREGUNTA PARA RESPONDER: ¿Estoy dispuesto a ser «grande» para el resto de mi vida?

Activa la magia de empezar

No hace falta realizar un estudio estadístico para concluir que los cambios que buscamos no suceden simplemente porque no se empiezan nunca. O si se empiezan, no se acaban. En el mundo predomina la gente con mucha iniciativa pero con poca «acabativa». Arrancan con fuerza pero después la pierden por las costuras hasta desinflarse. La iniciativa (el hábito de empezar) está muy bien pero está mejor la «acabativa» (el hábito de acabar).

No acabar es mucho peor que no empezar, pero no empezar es intolerable.

Es mejor que se te recuerde por empezar y acabar muchas cosas, y no por ser el de siempre y arrancar bostezos.

Es preciso acabar siempre lo que se empieza, pero no siempre es preciso empezar lo que se empieza. Pregúntate antes de iniciar algo: ¿esto me conduce a lo que deseo? Si es que sí, adelante; si es que no, por favor déjalo.

La magia de empezar acontece una vez hemos vencido la inercia inicial y abandonamos el estado de reposo. Es magia porque todo se hace más sencillo. Un ejemplo: un cohete o un avión deben vencer la resistencia de la fuerza de la gravedad, pero una vez allá arriba volar es muy sencillo. Al principio, cuando no has empezado, todo parece que costará más de lo que realmente acaba por costar. Y es que al principio hay que vencer muchas resistencias, pero una vez se alcanza la velocidad de crucero, para seguir basta con dar pequeños «golpes de gas».

El coste de no empezar es altísimo. No me cansaré de repetir (porque no se puede exagerar el poder de empezar) que empezar es la mitad del éxito. El legendario motivador Zig Ziglar lo expresó de esta manera: «No hace falta que seas grande para empezar, pero tienes que empezar para ser grande». Amén.

La persona promedio espera que se le dé permiso para actuar, y que se le diga qué tiene que hacer exactamente (aunque jamás empezará si no se le dan garantías). Mira el cielo y espera que una estela de avión le dé una señal clara (servirían las letras «OK» escritas en medio del cielo); en fin, algo en lo que tener fe, un pequeño milagro.

«¿Qué estás empezando?» debería ser la pregunta que deberíamos hacernos todos cada día en lugar del consabido: «¿Qué tal estás?».

Establece hoy mismo un compromiso público con tu mayor sueño, revélaselo a la gente que conoces. Hazlo público. Por favor, no lo mantengas durante más tiempo como un secreto de Estado. Quizá has leído por ahí que debes guardar en secreto tus objetivos (son consejos esotéricos sin ninguna credibilidad). ¿Para qué sirve el compromiso público? Para quemar naves y no volver atrás. Cuando empiezas, y quemas todas las naves, cruzas el punto de no retorno: o sigues adelante o pierdes tu credibilidad. Y puedes renunciar a un objetivo pero, créeme, no puedes dejar de ser creíble.

Créeme, hay un antes y un después de pasar a la acción, y yo me quedo con el después.

EN POCAS PALABRAS: Cambia lo que el statu quo tiene previsto para ti (trabajar, obedecer, hipotecarse, consumir). Revoluciona tu mundo: empieza algo por lo que valga la pena vivir el resto de tus días (sí, en el fondo son cuatro días). Y haz que corra la voz como pólvora prendida: has vuelto a la vida. Que todos se enteren.

LA TAREA DE ESTA LECTURA: Cada día haz tres cosas que crearán el cambio que deseas. Tres simples pasos al día nada más, no es tanto. No importa si son grandes o pequeños, lo que importa es el movimiento y la dirección. Recuerda que eres mago y en tu naturaleza está hacer magia.

Y UNA PREGUNTA PARA RESPONDER: ¿Qué podría hacer, en cuanto cierre este libro, para conseguir los cambios que quiero en mi vida?

Sobre el autor

Raimon Samsó es experto en dinero y conciencia, director del Instituto de Expertos, licenciado en Ciencias Económicas, y autor de catorce libros de desarrollo personal, además de una docena de eBooks.

Trabajó en tres multinacionales y tres bancos a lo largo de quince años. En un giro de 180°, dimitió del empleo que ya no cuadraba con sus valores y empezó desde cero en una nueva profesión como coach, escritor y conferenciante.

Escribe libros y organiza seminarios, videocursos y webinars sobre éxito profesional y financiero y desarrollo personal.

Es autor de los libros (publicados por Ediciones Obelisco): *Taller de amor* (1995), *Volver a la alegría* (1997), *Dos almas gemelas* (1998) —finalista del premio de narrativa new age Robin Book—, *Manual de prosperidad* (2000), la novela *Juntos* (2002), *El maestro de las cometas* (2003), *Cita en la cima: el método de los deseos cumplidos* (2007), *Cien preguntas que cambiarán tu vida en menos de una hora* (2007), *Siete estrategias para sacar partido a los libros de auto-ayuda* (2009), *El Código del Dinero* (2009), *¡Adelanta tu jubilación! Retírate con libertad financiera* (2011), *Dinero feliz* (2013) y *La clase emergente de los expertos* (2014).

Es colaborador de Catalunya Ràdio, en el programa *L'ofici de viure* de Gaspar Hernández. Y también escribe en el suplemento semanal del periódico *El País*.

Si deseas saber más sobre Supercoaching by Raimon y ser atendido por un coach del equipo, visita la página: <www.supercoaching.es>. (Además, puedes bajarte gratis un eBook: *De sueños imposibles a milagros predecibles*.)

Si eres coach y deseas mejorar tu negocio, encontrarás en Amazon, o en mi tienda online (<www.tiendasamso.com>), mi eBook: *Coaching para Milagros* que mejorará los resultados que obtienes en tu profesión.

Si deseas participar en el «Intensivo El Código del Dinero» para aumentar tus ingresos como profesional en cualquier profesión o negocio visita: <www.ElCodigoDelDinero.com>.

Si deseas participar en el «Programa Experto» para ser una autoridad en tu mercado como un experto en tu profesión, visita: <www.InstitutoDeExpertos.com>.

Si deseas seguirme en mi canal YouTube donde subo vídeos de forma regular, visita: <www.youtube.com/user/Raimonsamso>.

Para cualquier otro tema escribe un email a: info@raimonsamso.com

Antes de cerrar este libro, y si estás leyéndolo en versión digital, te pediré un favor: si eres cliente de Amazon, deja una valoración del mismo en <www.amazon.es>, así ayudas a otros a acceder a este contenido y cambiar su vida, tal como está a punto de ocurrir con la tuya.